Vision of the Great Power

金灿荣 著

中国社会科学出版社

图书在版编目（CIP）数据

大国远见／金灿荣著 .—北京：中国社会科学出版社，2021.1
(2022.3 重印)
ISBN 978-7-5203-7438-5

Ⅰ.①大⋯　Ⅱ.①金⋯　Ⅲ.①国际关系—研究　Ⅳ.①D81

中国版本图书馆 CIP 数据核字（2020）第 210079 号

出 版 人	赵剑英
策划编辑	白天舒
责任编辑	王　斌
责任校对	杨　林
责任印制	王　超

出　　版	中国社会科学出版社
社　　址	北京鼓楼西大街甲 158 号
邮　　编	100720
网　　址	http://www.csspw.cn
发 行 部	010-84083685
门 市 部	010-84029450
经　　销	新华书店及其他书店

印刷装订	北京君升印刷有限公司
版　　次	2021 年 1 月第 1 版
印　　次	2022 年 3 月第 8 次印刷

开　　本	710×1000　1/16
印　　张	16.5
字　　数	181 千字
定　　价	68.00 元

凡购买中国社会科学出版社图书，如有质量问题请与本社营销中心联系调换
电话：010-84083683
版权所有　侵权必究

前　言

当今世界的时代主题依然是和平与发展，但国际局势并不平静，地区冲突与动荡频发，贸易保护主义、"治理赤字""发展陷阱"等问题凸显。世界正处于大发展大变革大调整时期，各国尤其是大国间发展的不平衡导致力量对比与战略关系发生显著变化，加之各种"黑天鹅"事件，国际形势日趋错综复杂。

当前，中国特色社会主义进入新时代，正确认识国际形势，准确把握战略机遇，合理定位内政外交的发展方向，处理好大国关系尤其是中美关系，对于我国构建"双循环"发展新格局、应对外部挑战与促进和平发展具有重要意义。

大国当有远见。面对复杂多变的国际形势，习近平总书记指出，"当前中国处于近代以来最好的发展时期，世界处于百年未有之大变局，两者同步交织、相互激荡。"这是中国领导人对当今时代的国际形势做出的一个重大战略判断，体现了辩证唯物主义认识论，符合国际局势发展的客观现实。本书以"百年未有之大变局"为破题之词，着力阐释在百年未有之大变局背景下党和国家的战略眼光、时局把握和外交方略，向世人展现所谓"大国远见"之"远"，并尝试提出解局之道、术、策。

"百年未有之大变局"具有多层次、多维度的内涵，不同学者对此有不同的认识和解读。我认为，"百年未有之大变局"可概括为四个"新"，即"新格局""新模式""新工业革命"和"新全球治理"。"新格局"指国际格局不再是西方主导，而是逐渐走向东西方平衡；"新模式"指西方模式不再是现代化的唯一模式，中国道路提供了新的选择；"新工业革命"指第四次工业革命，中国的优势相对更大一些；"新全球治理"指治理的问题更加多元，除了恐怖主义、海上安全、难民等传统议题，还包括网络安全、虚拟经济、超级资本、科技陷阱等新议题领域。

促成"百年未有之大变局"的原因是多方面的，但主要原因是"权力转移"导致的"东升西降"，更准确地说是"中升西降"，表现为西方的相对衰落和中国的相对崛起。究其根源，是中国基于超大规模工业化的崛起，开创了一条不同于西方的工业化道路，这对于世界工业化的进步具有重大意义。

"百年未有之大变局"意味着挑战与机遇并存，对中国而言机遇大于挑战。中国是"百年未有之大变局"中的重要自变量，中国的发展是自身努力的结果。一方面，中国要继续全面深化改革，进一步扩大对外开放，为经济社会的持续健康发展扫清障碍。另一方面，中国在"大变局"中可以更加有所作为，充分利用第四次工业革命的契机推动国家又好又快发展。

面对前所未有的机遇和挑战，中国不断完善外交理念和外交布局。一是提出外交工作总目标,"构建具有中国特色的大国外交"。二是完善外交理念,有针对性地提出不同类型定位的外交理念。三是倡导新型国际关系,为世界和平做出贡献。四是推动各国互利共赢,提出"一带一路"倡议。五是积极参与全球治理,对重大国际问题提出中国方案。六是关照人类整体福祉,倡导构建人类命运共同体。

总体来说,中国外交在大国中是比较成功的。主要成就表现在以下几个方面:一是很好地维护了国家主权;二是助力国家经济发展,尤其是实现了工业化;三是较好地维护了中国的很多具体利益;四是积极推进全球化,参与解决全球性问题;五是维护了地区稳定;六是积极推进了中国特色社会主义的建设。中国外交前途光明,因为中国外交具有很强的纠错能力且有强大的工业化能力为支撑。

美国作为当今世界唯一的超级大国和霸权国,对中国的持续快速发展特别敏感。基于中美实力对比变化和美国民粹主义抬头的背景,特朗普政府明确将中国视为战略竞争对手,在经贸、科技、金融、舆论和中国内部事务等方面对华施压,使中美关系出现重大挫折。美国政治极化、社会撕裂和新冠肺炎疫情政治化等因素,促使对华强硬成为当前美国政界的主流声音,进一步加剧了中美关系的复杂化程度。

面对复杂的国际大变局和中美关系,中国要保持战略定力,做好自己的事情,尤其要搞好经济建设,稳步推进外交政策,处理好大国关系,争取成为第四次工业革命的突破者和领先者。

本书是自 2016 年《大国来了》之后，睽违四年笔者的最新文集，收录了笔者自 2017 年以来，尤其是党的十九大以来有关总体国际形势、中国国内发展、中国特色大国外交以及当前大国关系四个议题的论文、发言稿二十余篇。特别值得一提的是，2020 年年初，我们经历了一个非常不平凡的开局，新冠肺炎疫情突袭笔者的家乡——武汉。因此，2019 年年底本书初稿交付中国社会科学出版社以后，在出版过程中，又陆续增加了笔者关于后疫情时代的大国关系、国际秩序与全球治理等问题的最新思考和探索。

当今国际竞争的实质是制度之争，在新冠肺炎疫情这场"大考"面前，我们国家的制度已经交出了一份令世人满意的答卷。相信中国制度能够带领我们这个有着五千年文明的大国突破百年变局之困、寻得百年变局之机，为人类命运共同体的建设贡献中国之道。期待本书的出版能够为这一伟大征程贡献绵薄之力。

2020 年 11 月 10 日

目　录

第一篇　总体国际形势

观察"当今世界百年未有之大变局"的五个视角 / 3

如何深入理解"世界正面临百年未有之大变局" / 10

面对"百年未有之大变局",中国有四大优势 / 29

"百年未有之大变局",中国能为世界做什么? / 33

在大变局中有所作为 / 39

崛起的中国是"百年未有之大变局"中的重要自变量,
　也是全球化的"定海神针" / 47

疫后世界瞻望:新图景、新趋势及影响评估 / 51

第二篇　中国国内发展

中国不存在懈怠问题,会一直向前走 / 67

"非西方"的中国为何能快速崛起 / 70

改革开放，中国不忘外国朋友 / 75

现代化不是只有一条路，我们给发展中国家提供了另外的
　道路选择 / 78

中国的发展是自己努力的结果，谁都不欠 / 83

第三篇　新时代的中国外交

中国特色大国外交，服务于中华民族伟大复兴 / 89

新时代的中国与世界呼唤崭新叙事 / 101

中国外交踏上新征程 / 105

积极进取的中国外交有八个大变化 / 110

和平发展道路的关键任务及"一带一路"倡议在其中的
　角色 / 120

新时代的中国外交：新定位与新调整 / 132

从中国"推特外交官"看外交风格的转变 / 152

中国外交的特点和趋势 / 156

第四篇　大国关系

美国对中国现在是有心无力 / 169

中国量力而行，美国"叶公好龙" / 173

贸易问题中国有"三张王牌" / 178

和美国打这盘"棋战"，中国有十八招 / 185

中美关系决定整个 21 世纪人类的命运 / 191

美国从全球化的推手变成了全球化的阻碍 / 219

我们应当怎样看美国 / 223

当前国际秩序的"美国困境" / 232

后疫情时代的大国治理逻辑 / 239

第一篇

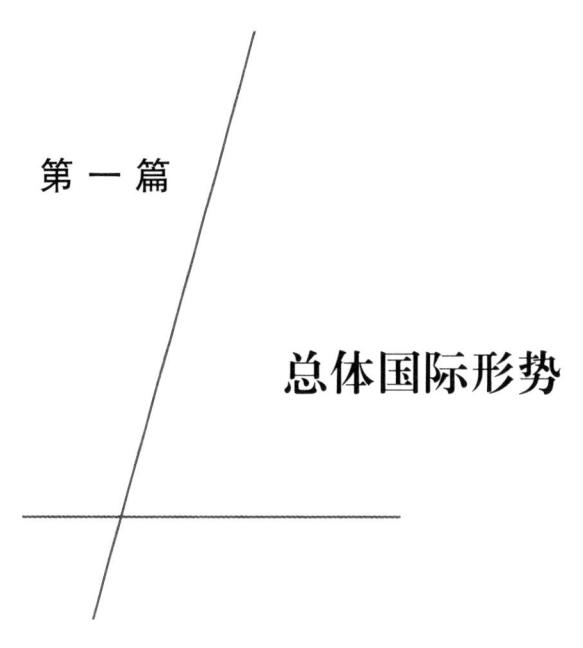

总体国际形势

观察"当今世界百年未有之大变局"的五个视角[*]

当今世界正面临百年未有之大变局。旧的国际秩序正在松动,过去的世界格局也正在转型,而新秩序和新格局目前尚未形成。面对此番"大变局",没有哪个国家可以轻易选择逃避,也没有哪个国家可以单独面对。人类必须有前瞻认识和对策调整。深刻洞察"百年大变局",有助于我们更清晰地把握其走向,并做出合理的应对之策。解析"百年大变局"的量变与质变,可以从以下五个视角展开。

第一,世界权力重心正在东移,旧的国际秩序已表现出衰弱甚至瓦解迹象。过去五百年,随着西方率先进行几次"工业革命",西方经济实力远远超过世界其他地区,由此奠定的国际秩序也就有了明显的"西方中心主义"色彩。20世纪爆发的两次世界大战实质是西方列强在争夺国际空间。第二次世界大战后,

---

[*] 本文刊于《东北亚学刊》2019年第3期。

亚洲国家日本虽然实现经济腾飞，但也只是自觉成为西方一部分而已。然而，近年随着中国、印度、巴西等新兴工业国家快速发展，世界经济重心逐渐向非西方世界转移。有些学者更直接将这一进程称为世界"权力重心"东移。展望未来，发展中国家的发展势头仍将迅猛。国务院发展研究中心在2018年12月发表的《未来国际经济格局变化和中国战略选择》课题报告中预测，到2035年发展中国家GDP将超过发达经济体，在全球经济和投资中的比重接近60%，全球经济增长重心将从欧美转移到亚洲，并外溢到其他发展中国家和地区。

第二次世界大战结束以来，在美国主导下，以联合国、世界银行、国际货币基金组织等为主要依托构建起来的国际政治和经济体系，辅之以北约为依托的安全盟约体系，这一套被称为战后"自由国际主义"的国际秩序。体系中的后来者，即广大发展中国家，不仅处于体系边缘，而且基本上缺失话语权。这也是广大发展中国家长期强调"南南合作"和"南北对话"的原因。现在，随着东西方经济发展逐渐走向平衡，原先国际秩序已经表现出衰弱甚至瓦解的迹象。然而令人感到吊诡的是，当前提到"推动新国际秩序"时，"喊声最高"的并非新兴工业国家，而是"因为权力重心东移而产生强烈不安全感"的美国。尤其是特朗普总统上台以来不断"退群"，美国先后退出TPP（"跨太平洋伙伴关系协定"）、巴黎气候协定、联合国教科文组织、"伊朗核协议"及"美俄中导条约"等，甚至还提到要退出北约和联合国。特朗普一系列举动给未来世界秩序带来很大不确定性。

第二，随着西方国家陷入一系列问题和目睹新兴工业国家不断崛起，现代化道路出现了多样化选择。西方发展道路有其典型的历史路径。各国在历经与保守王权的斗争之后，一方面推崇自由、民主政治理念；另一方面大力推行以私有制为核心的市场经济体制。然而随后几百年，在西方已占据国际政治经济体系顶端的时候，广大发展中国家在现有国际体系中只能收获不公平和不合理，甚至西方资本力量对发展中国家内政肆意干预还导致一些发展中国家并未实现真正意义上的主权独立，而是成为资本控制下的附庸。

西方国家现代化路径强调资本效率，很容易导致财富累积、技术进步以及社会物质财富增加，这些是其优势所在。然而，这样的道路也容易导致贫富差距拉大、全球产业分布严重不均衡以及发展中国家在国际体系中发言权的日益丧失。尤其是自2008年以来，西方各国经济发展停滞不前，财政赤字严重，失业率普遍较高，而贫富差距日益拉大又成为各种社会问题的总根源。类似于眼下英国国内"脱欧"争议和法国持续不断的"黄马甲抗议"，这些都说明了社会共识度在不断降低。而经历了改革开放四十年的中国，却依然保持中高速经济增长。"中国道路"的政府主导、稳定高效、确保社会最低保障、大力开展一系列民生工程建设等，均成为许多发展中国家学习的榜样。更重要的是，"中国道路"以尊重各国国情为前提，强调多样化发展道路，不干涉别国内政，强调互利共赢，这给了广大发展中国家新的选择。正如2017年党的十九大报告中指出的，中国特色社会主义道路、理论、制度、文化不断发展，拓展了发展中国家走向现代化的途径，给世界上那些既希望加快发展又希望保持自身独立性的国家和民族提供了全新选择，为解决人类问题贡献了中国智慧和中国方案。

第三，"第四次工业革命"即将来临，不论是发达国家，还是发展中国家均有机会，中国当然也在力争占领制高点。回顾前三次工业革命，每一次都带来生产力布局的重大调整。哪一国抓住了机会，哪一国就在世界产业链中居于顶端。18世纪60年代，英国以蒸汽机作为动力，大力推动大机器生产代替手工生产，率先完成了"第一次工业革命"，这也为英国成为"世界霸主"奠定了经济基础。19世纪中后期，以电气化为特征的"第二次工业革命"，促进了欧美各国国力大增，纷纷加快对外扩张步伐。20世纪40、50年代，在以原子能技术、航天技术、电子计算机技术应用为代表的第三次工业革命中，美苏两个"超级大国"竞相展示科技发展水平和科技应用能力，引领世界产业潮流。今天，包括人工智能、3D打印、5G、量子信息技术、虚拟现实以及生物技术等高新技术的研发与应用在内的"第四次工业革命"正向人类走来。这次"工业革命"极有可能将过去的产业结构和产业布局打乱重组，因此各国争夺高科技革命制高点的竞争将异常激烈。

由于历史原因，中国并没有赶上前三次"工业革命"。改革开放后，中国技术进步相当大一部分是在"恶补以前的作业"。然而今天，中国科技创新能力正在悄悄地不断追赶，甚至已经引起了美国的警觉。2018年发生的"孟晚舟事件"以及美国对中兴和华为的打压,背后体现的是美国对于中国高新产业界的"围堵"。美国要求其盟国,先是澳大利亚和新西兰,接下来是欧盟各国表态"不使用华为的5G技术及其产品",招致越来越多的抵制。多数欧洲国家正如德国外长马斯2019年3月所言,"德国拒绝他人干涉德国内政,德国将自主做出决定"。此外,美国针对中美两国科技人才交流设限越来越多,将来不能排除美国针对中国进行所谓的"科技冷战"。总之,随着"第四次工业革命"的到来,发达国家包括美国在内并不占优,各个国家处于更加平等的竞争态势,中国获得上风的可能性在增大。

第四,随着新技术不断应用,人类现在面临的问题与挑战前所未有,而新的秩序、制度、伦理和规范尚未建立起来。网络是新生事物。全球互联网的开通不光实现了好似"天涯若比邻"一般的通信便捷,还可以在大数据的基础上实现物联网,所以说,人类生活圈的物理边界在不断扩大。然而,网络时代也有其负面性,不光是民众的各项隐私容易受到威胁,甚至于危害社会安全和民众健康的"恶力量"也会利用网络发展壮大自己。譬如,网络上的极端言论会很快扩散,甚至恐怖分子会利用网络传递"恐怖袭击"的相关情报。更有甚者,在2019年3月新西兰克莱斯特彻奇市发生的恐怖袭击中,极端种族主义者竟然通过脸书等网络社交工具进行直播。事件后,人们纷纷质疑网络平台的道德伦理和法律规范问题。此外,最新的科技发展也在拷问科技伦理的规范和科学实践的边界。譬如,基因编辑婴儿事件是否突破了学术道德伦理底线，未来机器人是否会衍化出独立智能，一些国家妄图将外太空军事化是否会带来更加严重的军备竞赛，等等，这些挑战不仅前所未有，而且在不断膨胀、跨越国界，表现出明显的全球化特征。

第五，伴随全球化时代的到来和全球化程度的不断加深，当今世界比任何时候都需要"多边主义"。然而，一些国家的单边主义倾向却有增无减，这将加剧人类已经面临的各种危机。过去几百年来，发达国家应对各种危机的方式常常是以邻为壑，通过转嫁危机来躲避危机，或是推行"炮舰外交"，强迫别国"吸纳"危机。不得不说，发达国家的"零和博弈"思维是根深蒂固的。当前，关于"挑战国"与"守成国"的"修昔底德陷阱"理论大行其道，仿佛国际社会的明天"注定是悲剧"，这说明了美国的知识困境和理论困境。

针对全球各地问题频出，中国积极倡议各国应携手共建"人类命运共同体"。这是一个新的提法，也是人类未来走向光明前景的重要契机。"人类命运共同体"的实现不仅有可能避免某些国家"单边优先"的狭隘民族主义，还可以使国际社会走出国家间军备竞赛和恶性竞争加剧的悲剧。当然，"人类命运共同体"还必须直面发展中国家的发展困境。中国倡议的"一带一路"就是重视周边发展的产物。自提出至今近六年来，"一带一路"倡议的实施可以说是最大限度地实现了区域共同发展，所以受到沿线各国普遍欢迎。"人类命运共同体"和"一带一路"倡议的提出，表明中国愿意积极承担国际责任和拥抱多边主义的态度，也表明中国理念引领国际合作的新态势。

总之，今天的世界正在面临巨大的不确定性。一些新变量的出现正在加速改变现有国际秩序。中国领导人关于"百年未有之大变局"的判断，具有深刻的现实意义。这也说明世界舞台上不论是"黑天鹅"现象还是"灰犀牛"现象，人类社会目前的相关研究是严重不足的。虽然有些全球性问题目前已经受到普遍关注，但在处理应对方面各国仍未达成共识。还有一些问题，例如全球气候变暖，国际上的认知分歧就十分严重，遑论统一应对。

就中国而言，经历了改革开放四十余年的发展之后，国力大幅提升，抗风险能力显著增强。因此，在不发生重大变化的前提下，当前国际环境总体上对中国是有利的。中国应当充分抓住当前战略机遇期，尽快完成本国经济结构改革，做好国内外自己分内的事情，力所能及地在国际舞台上发挥一个大国的作用，引领"大变局"朝着有利于人类和平与发展的方向推进。

如何深入理解"世界正面临百年未有之大变局"[*]

本文主要讲三个部分的内容：第一部分谈整体的国际形势，因为准确把握形势是制定对策的第一步；第二部分谈如何看待中国在当今世界的位置；第三部分谈大国关系。

一 整体国际形势

（一）如何理解习近平主席在外交上的两大新论断

2018年，习近平主席在外交上有两个新论断：一个是世界处于"百年未有之大变局"；另一个是2018年7月，他在南非约翰内斯堡参加金砖国家峰会时提出的金砖国家应该形成"第四次工业革命联盟"。这两个提法非常新，我个人的理解是，"百年未有之大变局"从字面上看包括以下几层含

---

[*] 本文刊于《领导科学论坛》2019年第7期（根据"学习中国"报告录音整理），收入本书时有所修订。

义：第一，现在的世界格局是不稳定的，是在变化的；第二，这个变化很大。"百年未有之大变局"是指国际格局在变、现代化的模式在变、世界生产力的布局在变、人类面临的问题在变，即新格局、新模式、新生产力布局、新问题，这四个"新"大概可以抓住"百年未有之大变局"的核心含义。

1. 国际格局从西方主导走向东西方平衡

国际格局，是指一段时间内很稳定的、国家间的力量对比。在过去的几百年里，国际格局都以西方为主导，因为西方比较进步。我们不得不承认，人类从农业走向工业，从古代走向现代，那些进步的过程主要发生在西方。在这个过程当中，有很多社会运动，有进步的、有保守的。但是，最伟大的社会运动是共产主义运动。接下来，就是伟大的工业革命，它是人类从农业文明走向工业文明的根本途径，从根本上提高了人类的生产力。此外，还有军事革命、城市生活革命、信息革命，等等。大家仔细想一下，这一系列引发人类进步的事情，是不是首先都发生在西方，然后我们再慢慢地跟进的？

然而现在，以西方为主导的国际格局发生了变化。西方开始"老化"了，内部问题多起来了，一批新兴的东方国家发展起来了，中国是其中的代表。当然，并不仅限于中国，印度、印度尼西亚、越南、土耳其看上去发展得也都不错。

2. 在观念领域，"西方模式"不再是现代化的唯一模式，中国特色社会主义道路可能提供了新的选择

"西方模式"是个大概念。其实这里面有两个原创性的模式——"英美模式"和"德国模式"。"英美模式"特别强调个人的权利，强调个体是社会的基本单元，是最有价值的。而且，它从个人本位看人与人、人与社会、人与国家的关系。"英美模式"的核心观点是：哲学上的个人主义、经济上的私有制加上市场竞争、政治上的个人权利至上。德国是另外一个例子，与英美不同。英美因为资源多，强调个人努力发挥效率；而德国统一的时候已经没有资源了，所以不能强调个人效率，只能强调集体组织效率。因此，"德国模式"就是借助政府的力量，让政府帮助企业壮大，但是壮大之后政府征收的税费也比较高，政府再用收来的税去帮助穷人。于是，德国成为世界上第一个通过立法实施社会保障制度的国家，这也是"德国模式"的不同之处。所以，"德国模式"对国家、对计划的作用是值得肯定的。另外，德国对资本的照顾小于美国。苏联和日本本来就是模仿德国的，所以西方理论界把苏联叫作"德国模式的斯拉夫版"，把日本叫作"德国模式的东亚版"。

以上就是在中国崛起以前，人类的两种现代化道路。如今，随着中国现代化初步成功，世界上开始承认中国特色社会主义道路。中国道路跟英美、德国发展道路不同，它在个人效率方面赶不上英美，在组织效率方面赶不上德国和日本，但中国道路主要

是发挥自己的优势，中国第一大优势就是规模大——即"规模效应"。我们的国内市场大、需求大、人口众多，所以可以充分利用"规模效应"。另外，由于我们的"规模效应"比较好，所以影响也比较大。其实，中国工业化的成功为人类的工业化进程所做的贡献要大于欧美。因为在中国工业化成功以前，世界上只有10%的人口成功实现了工业化。在大家的观念里，发达国家的主体就是美国、欧洲和日本，再加上以色列、澳大利亚、加拿大、新西兰等国。可是，这些国家的人口总数加起来也就10亿多一点，仅仅占世界人口总数的1/7。然而，中国的人口有14亿，也就是说中国工业化的成功意味着世界1/5的人口实现了工业化。而且中国仅仅用了70年时间就取得了工业化的成功，较西方国家的几百年少之甚少。从这些角度来说，中国工业化的成功为人类的工业化进程所做的贡献要大于欧美。

总之，"规模效应"的特点，一是规模大，二是意义大，三是很多具体做法不同于西方。那么得出的结论就是，在中国实现现代化以前，人类的现代化确实只有西方发展道路。苏联、日本也只是模仿西方，并没有原创，但中国特色社会主义道路是原创，中国道路的初步成功意味着观念上西方发展道路的唯一性被打破了。

3. 第四次工业革命正在到来，这将导致人类的生产力布局发生根本变化，对中国来说是巨大的历史机遇

生产力决定生产关系，近代人类的生产力是工业能力，而工

业能力的进步主要通过工业革命,所以工业革命是理解近代人类进步最重要的一个视角。迄今为止,人类社会已经经历了三次工业革命,即蒸汽时代、电气时代、信息时代。18世纪60年代末,英国人詹姆斯·瓦特制造出人类第一台有实用价值的蒸汽机,从此人类的生产力真正地得到了解放,人类从农业时代进入了工业时代,西方国家真正地确立了对非西方国家的优势。在蒸汽机出现以前,人类打仗或者生产都是靠人力,可是人的力量是有限的。在蒸汽机出现以后,人类可以通过蒸汽机把地下的化石能源如煤炭燃烧后变成蒸汽动力,这个效率是人力比不了的。由此,西方国家可以制造一些大机器,并因此获得了超越非西方国家的力量。

西方崛起的真正关键就是工业革命。在蒸汽机之后,19世纪60年代,美国又实现了电力的广泛使用,并且开始使用第二种化石能源——石油,这就进一步拉大了西方与非西方的差距。1946年,美国生产出人类第一台二进制计算机,自此,人类进入计算机革命时代。显然,这三次工业革命有一个共同的特点——全部都出现在西方,其结果就是让西方一直保持生产力的领先。反观中国,由于生产力落后,人类社会的三次工业革命一次都没有抓住。所以,中国经过多年努力仍然是发展中国家。当然,说中国完全没有抓住三次工业革命也不完全正确,其实我们抓住了第三次工业革命的尾巴,即第三次工业革命的"后网络"。在习近平主席眼里,第四次工业革命正在到来,这是巨大的历史机遇,我们一定能够抓住这次机会,而且还有可能领先。

我们也准备和其他金砖国家一起进行第四次工业革命。因此，习近平主席提出，金砖国家要建设新工业革命伙伴关系，把握好第四次工业革命带来的机遇，在金砖合作第二个"金色十年"实现更好的发展，共同走向人类命运共同体更加光明的未来。

在第四次工业革命中，中国至少可以和美国同步，很可能会比美国还先进，这样的态势意味着第四次工业革命之后，人类的生产力布局将完全不同于过去几百年。过去几百年工业革命都在西方，因此西方的生产力绝对领先，甚至有些时候一骑绝尘。第四次工业革命之后，东方的生产力有可能会领先于西方，至少会达到东西方平衡，这是百年未有之大变局，是三个变化里面最重要的。

4. 人类现在面临的一些新问题

一是网络治理。互联网始于1969年的美国，但我们今天用的".com"网站是1985年才出现的。30多年的时间里，它发展得很快，带来了很多好的东西，比如支付宝、共享经济等。但也出现了一些问题，如网络诈骗、传播极端思想等，这些方面的问题都需要我们进行网络治理。

二是虚拟经济规模太大。虚拟经济一直存在，但是现在发展得非常快，规模也比较大，可以说只要有金融就有虚拟经济。2018年，全球GDP总量80多万亿美元，其中新增的部分为3%，即2万多亿美元。全世界约有77亿人，辛苦一年新增的财富也就2万多亿美元。可是，截至2018年年底，人类的股票、期货、债券却超过了 3000 万亿美元。显然，我们的实质财富并不多，账面上的财富却特别多，这说明存在很大的虚拟经济泡沫。

三是超级资本。资本历来都有，是推动西方变化的主要力量。资本有它正面的历史功能，但也需要防范，因为资本是很自私的，它会充分利用人的自私心来赚钱，所以对资本的使用要有所节制。

四是世界人口到了一个新阶段。20 世纪以前，哪个国家都希望人口多，因为人口意味着力量。但是第二次世界大战以后，也就是 20 世纪下半叶，随着科技不断进步和生活水平不断提高，人的寿命越来越长，大家发现人口已经突破了生态能够承受的极限，所以开始想办法限制人口数量。可以肯定地讲，第二次世界大战后到现在 70 多年，人类减少人口增长的努力是不成功的。现在世界总人口是 77 亿，很快会超过 80 亿。人口学家预计，在 2050 年之前世界人口会超过 90 亿，如果不采取措施，到 2100 年的时候会突破 150 亿。150 亿人口，地球的生态肯定是受不了的。如今，英美国家的自然人口在下降，西欧、东欧、俄罗斯、韩国、日本、澳大利亚、新西兰、加拿大等地区和国家的人口也都在减少。美国虽然人口总量在减少，但减少的速度却比较慢。目前美国控制人口一是靠"修墙"，部署野战部队，切断人口增量；二是靠减少存量。美国过去的福利制度比较宽松，其在《国际法》上实行的是"出生地主义"，也就是说宝宝只要在美国出生，就是美国公民。所以，以前很多拉美移民都想办法跑到美国生孩子，去福利局领取生活补贴。现在，美国总统特朗普正在通过改革移民制度、福利制度来控制新增人口数量，同时他也希望借此控制美国国内种族关系的变化。目前，世界总人口还在膨胀，其中发达国家中受教育水平比较好的地方人口在减少。我国非常重视孩子的教育，这也保障了人口的高素质。现在，我国的人口增长已经减缓了，而且我国已经进入了老龄化社会。在此后的两三年时间里，我国的人口可能会进入一个转折点，即新出生的人口数量少于去世人口的数量。中国不同于欧洲、美国、日本，基本上还属于"未富先老"的状态。所以，出于经济发展和对人类的生态负责，我们也在主动减少人口数量。这就是世界人口的基本情况，发达国家到了一定程度人口会自动减少，中国则是主动减少。但是，非洲以及阿拉伯国家的人口数量很难控制，让人很头疼。因此，世界人口的总量目前根本控制不住。

五是科技陷阱。人类从牛顿力学开始就有了科技，总的来讲，科技的作用是很好的、正面的，但是经过300年的发展，科技的力量已经很大了，要小心它的陷阱，也就是我们要对科技带来的负面影响加以限制的原因。

2018年11月，南方科技大学生物系副教授贺建奎宣称，一对修改基因的双胞胎已经在中国健康诞生，基因编辑使她们出生后即能天然抵抗艾滋病。这件事是很危险的。据广东省"基因编辑婴儿事件"调查组介绍，2016年6月开始，贺建奎私自组织包括境外人员参加的项目团队，蓄意逃避监管，使用安全性、有效性不确切的技术，实施国家明令禁止的以生殖为目的的人类胚胎基因编辑活动。2017年3月至2018年11月，贺建奎通过他人伪造伦理审查书,招募8对夫妇志愿者(艾滋病病毒抗体男方阳性、女方阴性)参与实验。为规避艾滋病病毒携带者不得实施辅助生殖的相关规定,策划他人顶替志愿者验血,指使个别从业人员违规,在人类胚胎上进行基因编辑并植入母体,最终有2名志愿者怀孕,其中1名已生下双胞胎女婴"露露"和"娜娜",另1名在怀孕中。其余6对志愿者有1对中途退出实验,另外5对均未受孕。该行为严重违背伦理道德和科研诚信,严重违反国家有关规定,在国内外造成了恶劣影响。世界卫生组织明确规定,人的基因是几百万年形成的,有它的合理性,不能随便更改,所以世界卫生组织禁止对人类基因进行编辑。

最后,关于新问题,我讲一个故事。英国物理学家史蒂芬·威廉·霍金是继爱因斯坦之后最杰出的理论物理学家和当代最伟大的科学家,是人类历史上最伟大的人物之一,被誉为"宇宙之王"。2018年3月14日他去世以后,他的太太公布了他的遗嘱,核心内容是对人类的四个警告。

第一个警告,人类永远不要回复外星人给我们发来的信号。道理很简单,因为人类掌握通信技术才一百年,外星人信号到我们这很有可能是几亿年。他认为,要立法限制任何人这样做。

第二个警告,防范人类滥用基因技术。

第三个警告,防范人工智能获得独立意志。人类可以发展人工智能,但发展机器人有三个原则:第一个原则就是机器人一定要听人类的,它不能有独立意识。2015年,谷歌旗下DeepMind

公司研发了围棋机器人阿尔法（AlphaGo），围棋界公认阿尔法围棋的棋力已经超过人类职业围棋顶尖水平，在 GoRatings 网站公布的世界职业围棋排名中，其等级分曾超过人类排名第一的棋手柯洁。AlphaGo 每天可以学习 100 万盘棋谱，可人类最优秀的棋手一辈子大概也只能学习 8000 盘棋谱，所以人类这一辈子攒的知识，阿尔法几分钟就掌握了，而且它可以不睡觉，天天不停地学。再举一个例子，谷歌在人工智能方面是做得最好的，其人工智能实验室也是最好的。根据美国媒体报道，2016 年在谷歌的机器人实验室发生了一个令人震惊的事件。实验室中，两台机器用人类听不懂的语言开始说话，在场的工程师非常惊讶。当时，工程师的第一反应就是命令它们不许讲话了，但是它们并没有停下来，最后工程师只好切断电源，将两台机器永远封存。有人猜测，这两台机器或许已经有了初步的自我意识，这是很危险的。

第四个警告，防范人类当中的疯子使用核武器。

我个人认为，这四个警告是很好、很负责任的，也完全同意这些劝告。通过这些，大家应该就知道现在人类面临很多新问题，这些问题也是中国一定要面对的，而且是需要带头去解决的。

（二）国际形势的不确定

1. 五个表现

（1）美国开始实行贸易保护主义。美国原来很开放，高举自由贸易大旗，现在理念变了，从自由贸易变为"公平贸易"。事实上，这个"公平"是不公平的。因为发达国家跟发展中国家在同样的条件下竞争，这本身就是不公平的。

（2）过去30年，世界各国大多依照英美新自由主义模式发展，主要特点是强调市场化。市场化有利有弊，有利的地方就是效率比较高，经济发展良好，但是市场化一定会带来贫富分化。市场经济的根本原则就是赢家通吃，穷的就是失败者。当贫富分化广泛以后，社会中下阶层就会产生不满，容易产生"民粹主义"。民粹主义会导致两个结果：一是社会运动。2011年，美国出现了一个社会运动叫作"占领华尔街"；2018年，法国巴黎出现"黄背心"运动。二是"强人政治"。只要中下阶层有不满，就一定会有政治人物来利用这一点。

（3）现在难民潮正在冲击欧洲，非法移民潮正在冲击美国，欧美社会的性质正在改变。客观上讲，欧美原来是不错的，不仅先进、富裕、发达，而且比较宽容，自由度很高。但是，遭到难民潮、非法移民潮冲击之后，欧美社会开始排外，开始封闭，这对世界很不好。

（4）与宗教极端化有关的政治极端化。在人类77亿人口当中，有20%的人是不信教的，世俗化的，他们就是东亚人。他们属于中华文明圈、儒家文明圈、汉字文明圈，具体包括中国大陆以及中国香港、中国台湾地区，新加坡、越南、缅甸北部、朝鲜、韩国、日本，这些人口大概占世界总人口的1/5略多一点。这些人本质上是世俗主义的，他们都遵循孔子的教导——"敬鬼神而远之",主要是以人为本,靠人的意识形态、理性来管理自己,政治的最高价值是为人民服务。这也就是说,世界上剩下的差不多80%的人类都是靠神来管理自己的,不是一神就是多神,这是人类的一个基本布局,即80%的人信神、信教。中国古代一直是用儒、释、道(三教合一的思想)来管理社会的,现在看起来这是非常科学合理的分工。比如解决人与人之间的关系。人本质上是社会动物,不是纯粹的自然动物,所以处理好人与人的关系是很重要的,儒家就管这个。道家管人与自然的关系。"释"就是佛家,管人的内在矛盾。中国古代三大意识形态管的就是三样东西——内在的自我、人与人的关系、人与自然的关系。我认为这套哲学特别棒。但是,有的地方实行"大神通",一切的规矩,人与人、人与自然、人与神,怎么处理都听"大神"的。然后,就出现麻烦了。"大神"得管两件事,人与人以及神与神,管得不好就会发生诸神的战争。现在,世界迎来了全球化、网络化,这就导致了宗教的极端化,最终导致政治极端化。

(5) 网络问题。如今我们可以自主地在网上选择自己喜欢的信息。但问题也来了,网络在让人高兴的同时也会害人。因为每个人都是按照自己的偏见去选择信息的,得到的信息会不断地强化人的偏见,看久了,人就可能不断地被自我洗脑。另外,每个人在网上看到的世界跟真实世界都是有距离的,也是有选择性的,于是就会出现这样一种情况——整个世界都没有真相。

2. 六大根源

（1）现在美欧内部的问题多，它们主导外部世界的能力下降，致使整个世界格局不稳定。冷战时期，世界处于两极格局。当时世界上有两个超级大国，美国和苏联，苏联及其兄弟国家构成东方世界，美国及其兄弟国家构成西方世界。南斯拉夫、埃及、印度倡导不结盟运动，称为"中间路线"。因此，冷战的时候世界是分为三部分的，即东方、西方、中间。但是冷战结束以后，世界格局发生了变化，变成了以西方为主导，所以说美欧的能力、主导力对世界格局的稳定特别重要。现在，美国内部出现了很多问题，其主导力下降，导致世界格局不稳定。

（2）在西方力量相对衰弱的时候，以中国为代表的非西方国家崛起了，世界将走向东西方平衡。

（3）网络迅速扩展。虽然网络出现的时间很短，但如今世界上已经有一半的人在使用网络，这也就是说人们已经进入了二元社会。显然，二元世界给传统社会的管理带来了很大的冲击。

（4）全球化会导致不同文明的往来。全球化以前，大家几乎是不往来的，但全球化之后，各国不同的文明必然需要往来，但在一开始的交往中可能会出现一些冲突。

（5）技术传播越来越快。网络时代技术传播越来越快，其好处是可以帮助中国、印度追赶西方，坏处就是导致了不确定因素的出现。

（6）第四次工业革命给中国带来了历史性的机遇，给美国带来了从未有过的挑战。有这样一种说法，第四次工业革命就是"5G+物联网"，这一观点的代表人物就是世界经济论坛主席施瓦布。如果这个观点成立，那么可以很肯定地讲，中国已经在世界上领先了。但是他这个说法是少数派，绝大部分人是不同意的，我本人也不同意。我认为，"5G+物联网"仍然是因特网革命的深化，在历史范畴上还是属于第三次工业革命。美国的科学界认为真正的第四次工业革命有如下五个方向：一是新材料，具体来说就是石墨烯。因为现在所有的电子产品用的都是硅晶片，但是硅晶片的技术现在已经达到极限了，那么要生产更新的电子产品就要用新的材料，也就是石墨烯。二是基因工程。三是人工智能（AI）。四是量子科学。五是核聚变。这是人类现在努力的五个方向，而且这五个方向都有可能带来工业革命。科学家一般认为前三项，即新材料、基因工程和人工智能在20年左右技术就会很成熟，可以形成产业化，从而引发工业革命。但是量子科学技术和核聚变，一般认为最快也要30年，比较有把握地讲，要50年才能成熟，才能形成产业化。

现在，把五个方向跟具体的国家进行对照得出的结论是，美国由于技术积累很好，在这五大方向肯定是全面领先的，因此美国属于第四次工业革命的第一梯队。但值得中国人欣喜的是，目前中国跟欧洲、日本在这五个领域都有很大的投入，都有一些积累，可以肯定地讲，中国属于第四次工业革命的第二梯队，这就已经很了不起了。至于像韩国、印度、俄罗斯、以色列等国家没有能力全面参与这五大方向，但是个别地方还不错，所以属于第三梯队。剩下所有的国家都属于第四梯队。从国家角度来讲，第三梯队、第四梯队的国家进入第四次工业革命基本上是没希望的。从科学角度来讲，真正有希望的就是第一梯队、第二梯队。

我认为，第四次工业革命应该主要是中美之间的竞争，并且中美未来的竞争，中国的胜算较大。道理在哪呢？一是我们的能力比美国全面。美国技术创新能力是最好的，过去30年世界上最好的技术，90%都是美国人提供的，但现在美国有一个大问题，就是产业空心化。而中国是什么产业都有，这是事实。二是引进人才。硅谷是创新圣地，集中了清华大学2万名毕业生，可以想象硅谷从全球引进了多少人才。可是从经济学角度来讲，技术再好，如果不能变成市场接受的产品，就等于一张废纸。但是美国现在没有产业，也就无法将技术变成产品。相反，中国的创新能力现在看来可能还不是特别强，但中国的本事就是产业化能力非常强。中国的产业门类齐全，而且总体来看越做越好。现在全世界都承认一个事实，中国的产业部门、中国的企业家真的可以把西方人认为很高级、很高端的高科技产品做成"白菜价"产品。从某种程度上来说，这是真正地为人民服务，真正地符合市场规律，这是中国真正的优势，而这个优势从长期的产业竞争角度来讲更为重要。因此，第四次工业革命最后一定是中美之间的竞争，而且中国的胜算要大于美国。

二　中国在当今世界的位置

第四次工业革命对中国来说是最大的历史机遇，如果美国输给了中国，意味着此后美国的生产力要比我们落后，所以对美国来讲，这是最大的挑战。坦率地说，现在美国对我们是有心无力。从中国角度来说，我们也不威胁美国。从逻辑上讲，如果中国抓住了第四次工业革命的机遇，就意味着此后人类最好的技术、最好的产业会在中国。所以，我们一定要抓住这一机遇。

有人认为，中国在世界当中处在不确定的位置，但我觉得这个位置其实是比较确定的，理由有四点：第一，一个国家确定要往上走，一定要政治稳定，而中国的政治稳定是没有问题的；第二，中国走的是中国特色社会主义道路；第三，中国是中国共产党领导的，而且中国共产党的社会组织能力、动员能力在人类历史上首屈一指；第四，中国的国家领导人是非常有抱负和远见的。

因此，未来十几年中国的政治稳定肯定是没有问题的，跟美国、欧洲、俄罗斯等国相比都要更好一些。经济方面，从2014年开始，中国经济增速连续五年下滑，背后的原因非常复杂。但是，现在中国的经济开始趋好了。当然，即使我们不可能回到以前每年两位数的经济增长率，但也不至于跌到如美国、欧洲、日本每年1%—2%的增长率，原因如下。

第一，未来20年，中国还可以从发达国家吸收很多先进经验，这叫后发优势；第二，虽然我国人口开始老龄化，但现在的人口年龄中位数还比较低，所以还有一个十年的人口红利；第三，我们以前不太注意工程师红利，但未来这一价值会显现出来。自1999年我国高校扩招以来，2018年我国在校大学生总数已经达到了3000万人，这是人类历史上最大规模的高等教育，是美国的两倍多，这是很伟大的。我们的高校学生中有一半多是学理工科的，这是中国未来的一大利好。后发优势、人口红利、工程师红利三者结合，结论就是——未来20年中国经济保持中高速增长是没有问题的。另外，经过70年的发展，中国在科技和军事方面也达到了比较高的水平，未来十年，无论是科技还是军事，中国都会进入黄金发展时期。所以，基于政治前提、经济基础、科技和军事等因素，我们的结论就是未来中国在不确定的世界当中是确定的，而且是处于上升态势的。

500年前，人类开始从农业时代向工业时代迈进，工业文明开始取代农业文明。今天，我们处在工业文明时代，决定国家命运的是工业化水平。欧洲因为率先掌握了现代制造业，所以在经济效率、军事效率上碾压其他地区。日本能够崛起也是因为掌握了现代制造业。今天，中国崛起也是因为掌握了现代制造业。现代制造业是现代国家的立国之本，谁有现代制造业，谁就能立于现代民族之林。人类90%的现代制造业集中在北温带的三个地区——东亚、西欧、北美，这里面包括不到20个国家，是全人类200个国家的1/10。这说明，不是每个国家、每个民族、每个文明都能进行工业化的。值得庆幸的是，中国是1/10国家中的一个，而且是块头最大的一个。英国工业化仅覆盖1000万人，美国工业化是1亿人，中国的工业化却有十余亿人。所以，当今世界最伟大、最重要的事实就是中国的工业化。

如今，中国的工业化到达了中后阶段。2019年，中国有三个工业指标在世界上是没有争议的了：第一，中国的工业规模特别大，2010年制造业总产值超过美国，2016年超过美国和日本之和，2018年超过美国、日本、德国三国之和。2018年，中国制造业增速是6.1%，是15年以来最慢的增速。但是，美国、日本、德国的增速是0.4%。按照现在这个速度，到了2030年，中国制造业占全世界的比例一定会超过50%。所以，2030年之后，从制造业角度讲，这个世界上只能有两个国家，一个叫中国，一个叫外国。第二，中国的工业体系太完整了，什么东西都能造。第三，中国的逆向学习能力特别好。

三　大国关系

由于中国的工业化成功了，而且中国地理上的相对位置不错，因此未来的世界格局就是从"一超多强"走向"两超多强"。冷战的时候，世界叫两极格局，那时候有美、苏两个超级大国。但是冷战结束以后，就只剩下美国了，即"一超多强"。自此，美国就有了一个国家战略——永远保持"一超多强"。可是，中国通过认真做事变得强大起来，成为未来"两超"之一。因此，中美关系就是当今世界最重要的双边关系，决定着21世纪整个国际关系的性质。夸张一点讲，中美关系决定了人类的命运。

20世纪的经验教训告诉我们，中美和则两利，斗则两伤。由于中国是未来"两强"之一，因此外部世界一定是会关注我们的。有些国家和地区很欢迎中国的崛起，有些国家态度很暧昧，有些则很抵制，坚决反对。中国的成功使得我们更加引人注目，主观上我们想躲也躲不了。并且事实上，中国的确崛起了。

面对"百年未有之大变局", 中国有四大优势[*]

从"四个新"的角度：新格局、新模式、新工业革命和新全球问题，可以把握"百年未有之大变局"论断的基本含义。而把握好这个论断，就能比较到位地把握世界局势。

一是新格局，世界格局已经由西方主导逐步转变为东西方平衡。最近几十年，世界一直在变化，其中的一个表现是，西方国家开始衰老，主导力下降，与此同时，以中国为代表的非西方力量开始崛起。一百多年来，中国取得了快速的进步。其间，我们认真学习了西方的优秀经验和制度安排。一百年前，五四先贤就提倡科学和民主；改革开放以后，中国学习先进经验，发展市场经济，逐步具备了强大的市场竞争力；此外，我们还建立起社会主义法治。中国开始逐步崛起了。

二是新模式，中国特色社会主义道路打破了西方模式一统天

---

[*] 本文为2019年8月12日《强国学堂》讲座内容，收入本书时有所修订。

下的局面。近代史是一个人类从前现代走向现代的过程，这个过程就叫现代化。过去成功的现代化案例和经验基本上是西方的，因此成功的现代化模式一般认为都是西方模式。但是近些年国际理论界已经看到，中国的现代化初步成功，而发展模式却和西方模式，包括"英美模式""德国模式""荷兰模式""瑞典模式"等都不一样，具有自己的特点。西方开始承认，现代化并不是只有一条路径、一个模式。西方模式一统天下的局面已经被打破。

三是新工业革命，它可能从根本上改变过去西方在生产力方面遥遥领先的局面。我认为近代史上西方最重要的进步是工业革命，工业化是人类从农业文明到工业文明的进程，其关键点就是工业革命。过去的三次工业革命全是西方引领的，其结果是西方的生产力领先，产业和技术先进。然而，在过去的三次工业革命中，中国没有完整地抓住一次机会。第一次工业革命在西方如火如荼地进行时，我们处于乾隆王朝时期，实行"闭关锁国"政策；第二次工业革命，清朝开展洋务运动试图跟上，但是最终失败；第三次工业革命的前半段，中国实际上也没有参与，但所幸在计算机革命的网络化阶段抓住了机遇。在未来的"5G+物联网"阶段，中国还有领先的势头，这也是现在美国打压中国的一个原因。

四是新全球化，这将导致人类的相互依存性不断加强。全球化给予我们诸多便利，但也带来许多问题，例如网络管理问题，虚拟经济发展速度远远快于实体经济，导致虚拟经济太膨胀。此外，全球化还产生了超级资本。有学者统计，在2018年，如果把跨国公司和国家放在一起按生产总值进行排名，前30名里有17个跨国公司，而国家只有13个。因此，在全球化下，对超级资本的规范和制约成为一个重要问题。另外，随着人群的密集，疾病传播的速度将更快、影响更大。总之，伴随全球化进程，全球问题正在不断增加，对全球问题加以治理十分必要。与此同时，这些全球问题也成为世界大变局的重要推动力。

而大变局下中国有何竞争优势？

一是中国政治稳定，中国特色社会主义道路明朗。包括欧洲国家在内的许多国家都存在政治稳定方面的问题。例如，现在欧洲左右翼分化严重，难民也引发了严重的问题。而中国在中国共产党的领导下，经过70年摸索，形成了中国特色社会主义道路。在此基础上，我们有信心保持政治稳定。

二是中国经济还将保持10年到20年的中速增长。中国经济增长率两位数的时代已经结束，但中国经济增长率不至于像欧美日等国家，降到1%—2%，中国经济还将在接下来的20年里保持每年5%—6%的增长率。这主要得益于中国经济有三个西方国家没有的优势：后发优势、人口红利以及工程师红利。

三是中国的科技和军事实力进入世界第二梯队，并将经历大爆发。现代国家的核心力量是科技与军事，科技是第一生产力，科技水平决定产业水平，决定竞争力。经过70年发展，中国的科技水平进入了世界第二梯队，并且未来10年，中国科技还将经历大爆发。军事力量是国家博弈的最终手段，经过70年发展，中国军事实力也进入了世界第二梯队，未来10年也一定会大爆发。

四是中国拥有人类历史上最大规模的制造业，而且体系完整，创新能力强。一个国家的工业能力决定国家的地位和命运。中华人民共和国最伟大的成就是让国家实现了工业化，掌握了现代制造业，从而让中国可以自信地立于现代民族之林。中国的制造业规模很大，2010年制造业总产值超过美国，这是美国以前的对手都没有过的。美国自1894年成为世界第一工业强国以后，曾面临五个"老二"：英国、德国、苏联、日本和欧盟，这五个对手的制造业和发电量都没有赶上美国，但中国是唯一的例外。

总之，在变动的时代里充满风险，也充满机遇，机遇是给有准备的国家的。对于中国而言，变动的时代有挑战，但更有机遇，并且最大的机遇大概就是第四次工业革命。

中国人从我们自己的前途、世界的前途出发，一定要拼一拼，抓住第四次工业革命这个机遇。从各种条件看，中国的机会很大。如果在未来的第四次工业革命中，中国能够脱颖而出成为领先者，其必然的结果是这几百年来世界生产力布局的深刻变化。

百年未有之大变局，中国能为世界做什么？*

习近平主席多次指出，当今世界正经历百年未有之大变局。这是对当前国际形势的一个重大和科学的概括。近年来，世界出现了很多预想不到的事，英国"脱欧"、美国不断"退群"、极右翼势力崛起，等等。我们现在经常能听到的一句话是：唯一确定的就是不确定。

这种不确定性体现在很多方面：在国际贸易领域，曾极力推动自由贸易的美国，现在同很多国家，包括美国的盟友打起了贸易战；在观念领域，极端主义思潮不断扩展，民粹主义、种族主义等思潮日益活跃，变得更加公开化，影响力越来越大；在社会层面，不少国家的国内矛盾日益尖锐，一点小事都可能引发一次大的骚乱，智利、玻利维亚、委内瑞拉、土耳其、印度尼西亚都发生过大规模的示威游行和骚乱，法国的"黄马甲

---

* 本文刊于《解放军报》2019年12月11日，收入本书时有所修订。

运动"至今也没有停息,美国国内两党之间的矛盾也非常深;在国际层面,各种冲突不断加剧,以前的许多国际公约、国际准则好像失效或者被无视了,一些国家倾向于通过使用武力和威慑来解决问题,国际形势失序程度总体上比"冷战"结束以后的多数时间都要严重。

这种不确定性,背后的原因是多方面的,是市场化、全球化、信息化等发展到一定阶段后负面作用的集中体现。

市场化会提高效率,会带来财富的增长,但也内在地蕴含着贫富分化的风险。贫富分化积累到一定程度,会导致相当多的人成为市场经济中的失败者或者"被剥夺者",从而导致民粹主义不断发展。

全球化理论上可以让劳动力、资本、技术三要素在全球范围内流动,通过合理的配置来提高生产效率,增进人类的福祉。但这三要素在全球化当中的收益是不均衡的,各国在全球化进程中的收益也不均衡,有的国家不仅没有从中受益,反而还有些后退。即使是在一个国家内部,对待全球化的态度也会产生分裂。

信息化虽然带给人们很多便利,但网络上的信息很多是碎片化的、浅层次的,而且在海量的网络信息面前,如果你的信息是很平淡的,注定不会有太多的点击量。所以很多点击量很高、流量很大的信息,往往是极端的、离奇的东西。另外,在网络上,人们检索的信息、看到的信息,几乎都是自己需要和"偏爱"的信息,在这个过程中,人们的观点或者偏见就会不断被强化,凝聚共识也就面临越来越多的困难。

科技的迅猛发展，给人类的社会生活带来极大便利的同时也带来极大的冲击。比如说大数据问题，掌握大数据的人和不掌握大数据的人的差距是巨大的，造成了所谓的"数据鸿沟"。以后，掌握很多大数据的人，在竞争中就会占有"天然优势"，就像"赢在起跑线"一样，会造成新的不平等。

对于这些现象及其背后的原因，人们有各种各样的解释，有意识形态领域的左右之争，也有后现代与前现代的分野。习主席提出"百年未有之大变局"的重要论断，则超越了意识形态的分歧，引发当今世界越来越多的共鸣。就个人理解，"百年未有之大变局"的内涵，主要体现在以下四个方面。

一是新格局。过去几百年的国际格局，基本上都是西方力量独大，西方国家长时间主导着国际格局的演变。但是，随着新兴国家的群体性崛起，国际社会正在进入一个新的格局，原有的西方主导的格局正在被东西方相对平衡的格局所取代。一个重要的标志就是二十国集团（G20）逐步取代七国集团（G7），成为全球经济治理和国际经济合作最重要的平台。

二是新模式。之前成功的现代化发展模式："荷兰模式""英美模式""德国模式""瑞典模式"，虽然各不相同，但总体上都是西方模式。在很长一段时间里，西方化好像成了现代化的代名词。然而，欧美发达国家用了将近300年，才使10亿左右人口进入工业社会；中国用远低于欧美国家的时间，就将近14亿中国人带入工业社会，创造了人类发展史上的传奇。中国特色社会主义道路，提供了一个新型社会制度的发展模式，为人类社会贡献了一种崭新的选择。西方人常说"条条大路通罗马",其实通往现代化的道路也不止一条,中国方案对于许多发展中国家而言,是现代化之路的全新选择。事实上,现在许多发展中国家同中国的合作,除了经济上的内容,也越来越重视治国理政经验的交流。

三是新工业革命。人类近现代史的一个重要方面是工业化,而工业革命则是西方进步的集中体现。所谓的思想革命、科学革命,最终要落到工业革命上,才能带来社会的进步、生产力的提高。人类历史上过去的三次工业革命基本上全是西方垄断的,但中华人民共和国成立70年来,中国在一穷二白的基础上,建立起了最为完整的工业门类,成为世界上最大的工业国,拥有人类历史上规模最大、体系最完整、学习能力最强的制造业。根据世界经济论坛创始人兼执行主席克劳斯·施瓦布的研究,第四次工业革命的核心推动技术包括无人交通工具、3D打印、高级机器人、新材料、物联网与基因工程等。在第四次工业革命的大框架下,各种技术彼此交融、相互促进,将为人类社会带来新的增长动能和发展路径。与此同时,这次工业革命极有可能将过去的产业结构和产业布局打乱重组,因此各国争夺高科技革命制高点的竞争将异常激烈。这次工业革命,是西方不可能垄断的,因此也是中国和广大发展中国家必须抓住的历史性机遇。

四是新的全球问题。在传统的恐怖主义、海上安全、难民等问题的基础上,近年来,网络安全、虚拟经济、气候变化、超级资本、科技陷阱等全球问题也越来越凸显。像气候变化问题：人类社会70%的GDP分布在沿海地区，如果应对不好，海平面不断上升，就很危险。面对这么多全球问题，谁应对得好，谁在未来就拥有更多的话语权、更高的国际声望。

面对百年未有之大变局，中国坚定不移走好自己的路，集中力量办好自己的事，让国家更富强、人民更幸福，为复杂多变的世界注入稳定性和确定性，这本身就是对世界和平与发展的最大贡献。过去40多年里，中国对全球减贫事业的贡献率超过70%，在减贫事业上创造了中国智慧，为广大发展中国家提供了借鉴。中国经济总量稳居世界第二，是世界经济增长的主要稳定器和动力源。随着开放程度不断扩大，中国近14亿人口的大市场，必将成为世界经济的增长之源、活力之源。

面对百年未有之大变局，中国坚持合作共赢、共同发展，坚定维护和推动经济全球化，坚定维护国际公平正义，积极倡议各国携手共建人类命运共同体，积极参与引领全球治理体系改革和建设，这表明了中国坚定支持多边主义、参与和引领国际合作的意愿与能力。

面对百年未有之大变局，中国积极承担国际责任，始终做世界和平的建设者、全球发展的贡献者、国际秩序的维护者。中国是联合国安理会常任理事国中派出维和人员最多的国家；中国提出的"一带一路"倡议，得到国际社会的积极响应。一系列的事实证明，中国的发展，不仅有利于中国人民的福祉，也是世界繁荣发展的福音。当今世界正经历百年未有之大变局，中国也正处于实现中华民族伟大复兴的关键时期。站在"两个一百年"奋斗目标的历史交会点上,中国将充分抓住当前战略机遇,在做好自己事情的基础上,力所能及地为国际社会提供更多公共产品,推动国际格局和国际秩序朝着有利于人类和平与发展的方向前进。

在大变局中有所作为[*]

当今世界处于百年未有之大变局,这是当前中国外交政策和实践的出发点。

世界大变局加速演变,辨析理解"变局"的内涵对于我们把握国内外战略态势、解读热点事件走向、制定战略规划都十分重要,是推动构建人类命运共同体、深化落实"一带一路"倡议的重要前提条件。

一 新自由主义招致批判

变局的核心是变化,而且是全球范围的大变化。当前这个大变化的标志之一,是新自由主义招致批判,西方各国民粹主义兴起。

过去30多年的全球化有一个意识形态,即新自由主义。这

---

[*] 本文刊于《瞭望》2020年第21期。

一轮全球化的起点是1979年的撒切尔革命和1980年的里根革命。这两个革命在英美叫保守革命,现在学界称之为新自由主义,即恢复19世纪在英美盛行的自由主义。

西方国家推广新自由主义意识形态,通过输出自由等概念和提高社会经济发展水平的方式来与苏联竞争国际影响力。新自由主义提倡自由竞争、私有化,追求效率,带来了财富的增长、贸易的扩展。但新自由主义本身也存在缺陷,比如导致了社会不平等、环境破坏、道德混乱等。

随着苏东阵营解体,更多国家选择进行市场化改革,加入西方倡导的新自由主义全球秩序,各国间的经济、社会交流日益密切,新一轮全球化也蓬勃发展。过去30多年,世界不少国家依照英美新自由主义模式发展,主要特点是强调市场化。市场化有利有弊,一方面效率比较高,经济发展较好,另一方面也蕴含着贫富分化的风险,很多国家的贫富分化都比以前严重很多,导致相当多的人成为经济上的失败者或被剥夺者,从而使民粹主义不断发展。

现在,很多人都在对新自由主义进行反思和批判,认为应该跳出其在经济、政治和社会等方面的误区。比如在经济层面,新自由主义的理论假设市场这只"看不见的手"最有效率、竞争导致均衡,但现实情况是市场经常失灵、竞争经常导致垄断。新自由主义也导致国家间、国家内部的贫富矛盾日益深化。

二 全球治理体系的困境

当前世界大变局的加速演变体现在多个方面。

一是贸易保护主义抬头。美国原来高举自由贸易大旗，现在理念变了，要从"自由贸易"变为"公平贸易"。美国总统特朗普对世界多国发起贸易战，尤其是对中国及中国企业实施了关税壁垒、技术封锁、定向打击等。在美国的影响下，多国开始采取保护主义政策，破坏国际自由贸易。与此同时，美国试图拉拢其欧、日盟友，重新定义世界贸易的游戏规则。

二是身份政治问题出现。频繁的人员流动，自由贸易导致的贫富分化，使得许多国家和地区出现身份政治问题，极端主义思潮和种族主义抬头，排外诉求甚嚣尘上。

三是民粹主义泛滥。贫富分化加剧后，社会中下层就会产生不满，就容易产生民粹主义。民粹主义会导致两个结果：一是社会运动。2011年，美国出现了"占领华尔街"运动；2018年，法国巴黎出现了"黄马甲"运动。二是强人政治。社会中下层有不满，常常会有政治人物出来加以利用。人们看到，"非传统"政客纷纷登场，并出台了一系列旨在迎合国内选民的极端政策，破坏了国际大局稳定。

四是丛林主义回归。部分地区强国公开干涉邻国内政，甚至发动侵略，而目前的国际治理体系未能解决相关问题。

五是这一轮全球化涌现的新问题，如气候变化、网络安全、恐怖主义等，都未能得到有效解决，以新冠肺炎疫情为代表的全球公共卫生等全球治理老问题，也暴露出国际合作的困境。此次疫情将会成为百年未有之大变局的催化剂。世界经济受疫情影响暂时处于停顿状态，资本市场萎缩，全球产业链出现问题，一些国家现在都出现了经济民族主义，世界需要对疫情之后全球化受挫做好准备。

三 大变局的"四个新"

百年未有之大变局主要可以归纳为"四个新"：新的国际格局、新的现代化模式、新的工业革命、新的全球治理方案。

一是新的国际格局。过去500年来以西方为核心的世界格局正在发生巨变，中国正是世界巨变的力量源。长期以来，西方国家在经济上占据优势地位。如今，西方国家内部面临不少困难，比如经济上产业空心化加剧，社会层面老龄化问题严峻，整体活力下降，内部分裂严重，精英阶层与社会底层民众、极左和极右势力、不同种族、全球主义与民族主义之间的矛盾不断激化等。这些问题引发了西方国家的焦虑。而在过去数十年里，新兴市场国家和发展中国家呈现加速发展态势。新兴市场国家和发展中国家对全球经济增长的贡献率已经达到80%。中国经济持续健康发展的前景是确定的，推动构建人类命运共同体的决心和行动是确定的。这为促进世界和平与发展不断增添了正能量。

二是新的现代化模式。之前的现代化发展模式，包括荷兰模式、英美模式、德国模式、瑞典模式等，虽然各不相同，但总体上都是西方模式。很长一段时间里，西方化成了现代化的代名词。经过全中国人民的共同努力，中国特色社会主义实践日益成熟。中国用远远少于欧美国家的时间，将十几亿中国人带入工业社会，创造了人类发展史上的奇迹。在新冠肺炎疫情等紧急事件中，中国展现出了强大的动员能力和制造业实力。中国特色社会主义道路打破了西方模式的唯一性，为人类社会提供了现代化的新模式。

三是新的工业革命。人类近现代史的一个重要方面是工业化，工业革命则是西方进步的集中体现。所谓的思想革命、科学革命，最终要落到工业革命上，才能带来社会的进步、生产力的提高。人类历史上过去的三次工业革命基本上全是西方垄断的。中华人民共和国成立70多年来，在一穷二白的基础上，建起了最为完整的工业门类，成为世界上最大的工业国，现已拥有人类历史上规模最大、体系最完整、学习能力最强的制造业。随着中国的科技水平不断提升，研发投入不断扩大，中国开始参与甚至引领人类的技术创新。即将到来的第四次工业革命极有可能将过去的产业结构和产业布局打乱重组，因此各国争夺高科技革命制高点的竞争将异常激烈。这次工业革命，中国等广大发展中国家可能获得历史性的发展机遇。第四次工业革命之后，东方的生产力有可能会领先于西方，至少会达到东西方平衡，将是百年未有之大变局里最重要的变化。

四是新的全球治理方案。除了恐怖主义、海上安全、难民等问题，近些年来，网络安全、虚拟经济、气候变化、超级资本、科技陷阱等全球性问题也越来越凸显。人类社会70%的GDP分布在沿海地区，如果应对不好气候变化问题，导致海平面不断上升，就很危险。面对这么多全球性问题，谁应对得好，谁在未来就拥有更多的话语权、更高的国际声望。

中国在全球治理中的地位日益重要。随着美国退出多个国际组织，中国开始成为国际治理的中流砥柱；随着全球贫富差距日益严重，南北矛盾日益突出，中国也成为世界秩序变革的重要推手；随着中国深入参与全球治理，发展中国家的利益将得到更多体现。

四　中国必须有所作为

综上所述，中国是百年未有之大变局中的主要自变量，在风险与机遇并存的新时期必须有所作为。

当前我国面临的外部形势异常严峻。美国的战略家们日益将中国视作对美国霸权的挑战。2017—2018年美国发布《国家安全战略报告》《国防战略报告》《核态势评估》等文件，声称大国竞争重新成为美国的主要安全威胁，将中国定义为"主要战略竞争者"。在民粹政客的煽动下，美国出现空前的反华思潮，反华成为美国两党的政治共识。美国政客已经打出一套组合拳，企图从内到外阻止中国崛起。

第一，美国全力遏制"中国制造2025"，采取了包括舆论战、贸易战、技术封锁、金融战、司法战、人员封锁在内的组合政策，企图通过"极限施压"迫使中国放弃对重点产业的支持，并重点打击华为、中兴等中国高科技企业。部分美国政客提出"脱钩"论，意图通过经济战、移民政策等手段中断美国与中国的人员、经济往来。

第二，美国以"人权"为由干涉中国内政。

第三，美国的"亚太再平衡"和"印太战略"旨在制衡中国地区影响力。

第四，美国通过舆论霸权搅局"一带一路"相关合作，通过鼓吹所谓的"债务陷阱""投资不透明"影响中国与投资对象国的经济合作，通过非政府组织破坏中国投资项目。

第五，美国试图改写国际游戏规则，例如要求中国加入《中导条约》、要求中国限制高超音速武器发展。

当前中国的周边外交、发展中国家外交、多边外交都相对平稳，与俄欧等关系可控，但由于美国是当今世界最具影响力的超级大国，中美关系的恶化也会给中国的各类对外关系带来风险。面对复杂局面，中国应做好几方面的准备并团结国际上的进步力量。

首先，中国在贸易保护主义浪潮下应该成为捍卫自由贸易的旗手，坚持开放市场。中国应进一步落实"互利共赢"原则，在平等协商的前提下开展经济合作，争取世界各国、国际组织的支持。

其次，中国对美国的长期反华趋势应有足够的心理准备，面对美国的无理要求和舆论攻势，应坚守底线，不怕与造谣者辩论，敢于与反华势力斗争。

新冠肺炎疫情过后的经济全球化必然受到挑战，以美国为首的多个西方国家试图与中国经济"脱钩"，但这次疫情也带来了新的机遇。由于东亚国家在疫情中恢复较快，而欧美大国仍然深陷疫情危机，中、日、韩、东盟的区域内贸易有望成为亚太地区甚至全球经济的发动机。当前正是推进中日韩自贸区、东盟"10+3"合作，进而推动"区域全面经济伙伴关系协定"（RCEP）的好机会。

"百年未有之大变局"给中国外交提出了新的课题，越发激烈的中美竞争增加了中国面临的外部风险。反全球化浪潮和美国反华浪潮相互作用，对"一带一路"建设的推进和中国的和平发展造成了挑战。在前所未有的新形势下，中国应主动寻求合作，高举全球化、国际合作和全球治理的大旗，在国际战略博弈中占据主动。

崛起的中国是"百年未有之大变局"中的重要自变量，也是全球化的"定海神针"*

习近平总书记在看望参加全国政协十三届三次会议的经济界委员时提出，在危机中育新机、于变局中开新局。当前的国内外经济形势危中有机，风险与机遇并存。新冠肺炎疫情已经对国际政治和国际经济造成严重负面影响，受贸易战影响陷入低谷的中美关系因为美方推诿责任持续走低。与此同时，保护主义在世界范围内愈演愈烈，新冠肺炎疫情很可能引发新一轮保护主义，甚至是针对中国海外企业、华侨、留学生的排华浪潮。这些都是中国面临的外部危机，也是全球治理和全球化遇到的危机。尽管面临挑战，中国在"百年未有之大变局"中仍然可以抓住许多机遇，努力危中寻机、化危为机。

当前中国的外部环境充满不确定性，许多外部风险是由于美

---

* 本文原题为《以深沉定力应对大变局》，刊于《中国纪检监察》2020年第11期。

国一些政治势力正在绑架中美关系，试图将中美关系推向所谓"新冷战"。2020年5月20日，白宫发布《美国对华战略方针》，报告中提到，随着中国国力发展和中国共产党的执政地位不断巩固，原本希望对中国"和平演变"的美国战略人士大感失望，决心对中国采取更加强硬的对抗政策，尤其是采取打断中国经济发展的遏制政策。这种论调在美国长期存在，部分极右翼政客进入决策层后，大力推动美国上下对中国的敌对情绪，从几个方面造成了对中国非常不利的政治氛围：美国自2017年发布《国家安全战略报告》等文件以来，频繁通过官方渠道鼓吹"中国威胁论"；美国两党部分精英，尤其是某些华盛顿政客在反华方面达成共识；美国社会对华观感在2018年以后达到新低谷。

在这种大背景下，美国极右翼政客得以毫无顾虑地对华施压；在新冠肺炎疫情面前，一些美国政客更将反华作为推卸责任、掩盖国内矛盾的机会。除此之外，美国国内正在涌现日益强大的反全球化情绪。在制定决策方面，他们将跨国企业、自由派等所谓的"全球主义者"包装为美国的敌人，鼓吹贸易保护主义和反移民政策；屡屡无视国际规则，推行所谓"美国至上"的外交和经贸政策。在国际合作方面，美国退出多个国际谈判框架。面对中国推动的"一带一路"倡议，美国利用其舆论优势和"巧实力"，在"一带一路"沿线国家鼓吹经济民族主义，反对其与中国进行经济合作。这些情况构成了国际保护主义思潮。

受新冠肺炎疫情影响，再加上美国及其部分盟友的舆论攻势，中国具体面临以下几方面的压力。第一，美国部分战略

"鹰派"企图借助疫情实现中美"脱钩",鼓吹停止中美经济往来,一些美国政客多次要求在华美国企业回国。第二,西方市场的经济萧条冲击中国出口型企业。第三,美国及其盟友鼓吹"中国有罪论""向中国索赔",企图以舆论战攫取经济利益。这在国际上得到了一些效仿,尤其是部分发展中国家面临巨大债务压力,经济民族主义情绪高涨,有可能要求中国免除债务,甚至通过国有化等方式威胁中国海外投资安全。第四,美国日益升级对华技术封锁,逼迫一些国家的公司停止与中国高科技企业合作,可能对一些中国企业的海外布局造成严重打击。

尽管如此,我们仍有理由对中国的经济形势保持乐观。习近平总书记明确提出,面对国际保护主义,我国"应站在历史正确的一边"。面对贸易战和新冠肺炎疫情的双重考验,中国展现出了较强韧性和较大空间,有望率先成为从新冠肺炎疫情中恢复的经济体之一。中国拥有1.7亿多受过高等教育或拥有各类专业技能的人才,包括4亿中等收入人群的14亿人口的大市场,还有完善的工业体系和强有力的政策工具,这是中国吸引国际经济合作的重要资本,也是中国面对国际市场竞争的重要力量。只要中国继续坚持开放市场,更多的国家会与中国展开平等、互利、共赢的合作,反对贸易保护主义;只有在国际上尽可能争取合作伙伴,中国才能应对美国日益加码的技术封锁和外交破坏。可喜的是,当前东北亚、东南亚地区率先从疫情中恢复,东亚区域内贸易显著增加。2020年前四个月的数据显示,中国与东盟经贸往来逆势上涨,东盟成为中国最大的贸易伙伴。以开放姿态推进中日韩合作，中国—东盟区域合作以及"一带一路"沿线合作，将成为中国应对反全球化浪潮和美国反华战略的有力武器。

当前新冠肺炎疫情可能造成世界经济萧条，甚至人道主义危机，中国要保障发展必须积极参与和推动抗疫多边合作，应对美国舆论攻势，维护自身权益。中国已经为抗疫做出了重要贡献，全国疫情防控阻击战取得重大战略成果，而且中国向将近150个国家和4个国际组织提供了紧急援助；习近平总书记在第73届世界卫生大会上提出六点建议、五大举措，得到了国际社会的积极评价。在2020年5月18日召开的世界卫生大会上，中国团结140多个国家，挫败了少数国家将新冠肺炎病毒政治化的图谋。在积极参与国际援助之余，中国应在舆论场上据理力争；面对美国当局对内抗疫失职、对外破坏合作的种种行为，中国应继续起到抗疫表率作用，争取国际第三方的支持。

崛起的中国是"百年未有之大变局"中的重要自变量，也是全球化的"定海神针"。当前的新冠肺炎疫情给世界格局带来了更多的不确定性，但百年变局的国际背景并未发生本质变化，中国经济稳中向好、长期向好的基本面没有改变。

正如习近平总书记所言，我们应坚持用全面、辩证、长远的眼光看待当前的困难、风险、挑战，在一个更加不稳定、不确定的世界中谋求中国发展。

疫后世界瞻望：新图景、新趋势及影响评估[*]

新冠肺炎疫情是2020年的一次全球性"黑天鹅"事件，目前还在不断蔓延。笔者认为，新冠肺炎疫情已经成为全球治理领域最显著的危机，甚至可以称之为第一次非传统安全领域的"世界大战"。它给中国人民造成了令人痛心的生命和财产损失，也给世界各国带来了严重的负面影响，甚至很可能会对全球化产生结构性影响。当前，中国疫情防控阻击战取得重大阶段性成果，赢得了大多数国家的肯定。但随着疫情在部分国家的快速蔓延，中国不仅要做好与疫情长期共存的准备，而且要针对正在发生的以及疫情过后的世界巨变做出相应预案。

世界经济图景：世界经济遭受的冲击是全方面的，不仅包括衍生经济影响，还包括金融和债务风险以及并发性灾难。

新冠肺炎疫情阻断人员、货运甚至金融往来，造成多国生产

---

[*] 本文刊于《人民论坛》2020年8月5日，收入本书时有所修订。

活动停止、失业率激增、财政负担加重，对世界经济发展影响巨大。世界银行发布的《全球经济展望》报告指出，新冠肺炎疫情可能造成2020年全球经济下滑5.2%，是第二次世界大战以来最严重的经济衰退。当前的中国经济带有外向型经济特征，部分沿海地区的产业集群高度依赖海外贸易，因而新冠肺炎疫情的暴发无疑会影响许多企业的生存。

新冠肺炎疫情对世界经济的打击是全方面的。一是公共卫生灾难本身带来的冲击。应对新冠肺炎疫情需要大量财政拨款购置相关医疗资源，对中国而言，政府承担了治疗新冠肺炎患者的全部费用，同时也承受了"封城"造成的经济损失。而随着疫情长期化，暂时性的、局部性的封锁时有发生，这给国家以及地方政府造成了一定的财政压力。

二是新冠肺炎疫情造成的衍生经济影响。新冠肺炎疫情造成全球经济活动较为普遍的、长时间的停顿，国际产业链、供应链上的企业受到重创。与此同时，由于多国采取"封城"、限制聚众活动等政策，对现金流要求较大的零售业和服务业遭到沉重打击，以航空业为代表的运输产业更是如此。美国《华盛顿邮报》援引多家大学的研究称，美国自2020年3月以来已经有10万家以上的小型企业倒闭；尼曼百货、杰西潘尼等多家大型企业也申请破产。在中国、日本以及欧洲，疫情同样使得多个行业受损。额外的防疫成本、停滞的现金流以及工资、场地租金等刚需冲击着大量中小企业。由于受损的服务业、零售业、制造业等恰恰是低收入人群聚集的产业，高失业率又要求政府进行相应救济，大大增加了财政压力。

三是金融和债务风险。新冠肺炎疫情快速蔓延的初期曾引发股市多次熔断，显示了国际资本对疫情负面影响的焦虑情绪。随后，美联储开始实施无上限的量化宽松政策，产生了恶劣的示范效应，并且很可能引发新一轮的通货膨胀。针对美国许多公司即将面对的公司债问题，美联储通过二级市场企业信贷工具购入公司债，资产负债急剧扩张。美国不负责任的大水漫灌政策给美债持有国以及贸易伙伴带来了一定的风险。

四是并发性灾难。2020年可谓多灾多难，例如东非蝗灾等"天灾"、美国种族危机等"人祸"接踵而至。东非蝗灾波及范围巨大，目前已经殃及人口大国印度，很有可能造成世界粮食危机。与此同时，世界经济停顿与沙特阿拉伯、俄罗斯、美国等国家的石油价格战同时发生，石油市场的供需两端同时受到冲击。除此之外，部分国家剑拔弩张，冲突蓄势待发，令跨国生产、物流运输等充满不确定性。事实上，即使世界粮食与能源储备充足，货运中断也可能导致部分地区资源短缺。

全球化图景：疫情使反全球化风潮愈演愈烈，但对东亚区域化具有一定促进作用。

新冠肺炎疫情在全球化时代大暴发，凸显了现代全球化国际体系的弱点和弊端。第一，各国人员流动频繁，便捷的交通有利于病毒的传播。尽管俄罗斯等国家在中国出现疫情的初期切断了与中国的联系，但却没有阻止疫情从其他国家输入。第二，各国产业高度联结，全球制造业与中国联系紧密。当中国企业因为抗疫停工时，其他国家也会面临生产链断裂的困境，反之，中国的出口企业在他国需求不足时也会受损。

第三，国家之间难以有效协调。部分国家在中国抗疫之初便采取停航、禁运等极端手段，加剧了国际恐慌；还有一些国家因为国内原因无法有效开展抗疫工作，进而成为国际疫情输出国。

第四，并发性灾害、国际政治事件等给抗疫工作增加了难度。新冠病毒具有潜伏期长、传染途径多样等特点，专家以及民众对其了解有限；有限的信息、抗疫初期地方政府的不透明以及网络谣言的恶意传播等，加剧了危机感和恐慌情绪。在恐慌情绪的影响下，世界多国的反全球化风潮呈现愈演愈烈之势。

反全球化是新冠肺炎疫情暴发之前就已经出现的现象。自里根时代以来的当代全球化鼓吹私有化、自由贸易以及开放市场，提倡国家之间通过贸易提高生产效率。全球化在创造财富的同时也制造了巨大的贫富差距，20世纪90年代的信息革命更是加大了金融业、先进服务业以及高科技企业与其他行业的回报差距。在美国等发达国家，制造业不断萎缩，国内蓝领工人对金融等产业造成的"空心化"备感不满，认为是外国制造业竞争者"偷走"了自己的工作；民粹主义政客趁机宣称是政府和大企业里的所谓"全球主义者""建制派精英"与外国勾结，损害本国国民利益。在发展中国家，经济民族主义者强调产业保护的重要性，部分国家的政客将跨国公司称为"新殖民主义者"，煽动民众反对跨国经济合作。

总之，新冠肺炎疫情从以下几个方面加重了反全球化现象。

首先，部分国家因为新冠肺炎疫情和其他灾害面临财政困境（许多发展中国家本身就具有严重的债务问题），对全球化的排斥情绪加重。

其次，美国等国家鼓吹的"中国有罪论"以及种族主义言论，加剧了部分国家的排外情绪。

最后，新冠肺炎疫情使得部分国家呼吁战略物资"自给自足"，因此在危机过后，一些国家可能会主动减少对国际贸易的依赖。

需要注意的是，新冠肺炎疫情对东亚区域化具有促进作用，疫情过后的世界经济存在新的希望。如前所述，疫情降低了国际市场对出口型企业的需求，而东亚、东南亚国家以及地区大多是出口导向型发展模式，即面向世界出口商品。在这种发展模式的引导下，区域内国家覆盖了不少领域的高、中、低端产业，在劳工素质和制造业完备性上具有优势。如今欧美等国家深受疫情困扰，其国内市场的消费能力下降，生产能力下降同样明显，而从疫情中恢复较快的东亚、东南亚各国则能够从相互贸易中寻找经济恢复的新引擎，为国内出口型企业创造商机。

世界政治图景：美国威信被削弱，欧盟离心离德，世界多国面临复杂考验，亚太政治相对稳定。

许多科学家都认为新冠肺炎疫情是一场自然灾害，各国都是新冠肺炎疫情的受害者。但仍有一些国家将病毒政治化，使其成为政治斗争的工具。新冠肺炎疫情造成国家之间的物理隔绝以及资源争夺,迫使一些国家在大国政治斗争中站队,这已经对世界政治造成了一定影响,甚至加剧了中国与西方国家在意识形态领域的对抗。笔者由此预料,疫情之后的世界政治形势可能会产生如下几方面的变化。

第一,世界霸主威信受损。美国是第二次世界大战后西方阵营的领袖,也是许多国际组织的主导国。冷战结束后,美国成为在军事、科技、金融、舆论等领域拥有全球霸权的超级大国。然而截至今日,美国新冠肺炎感染病例和死亡病例数量远超其他国家。在处理新冠肺炎疫情上的反应迟缓、低效,削弱了美国的威信地位。特朗普上台执政后,美国的外交政策体现出两项原则——遏制中国的冷战式零和思维以及以"美国优先"为口号的单边霸权主义。疫情原本可以成为中美关系缓和的契机,但部分美国政客依然保持对抗思维。在新冠肺炎疫情在中国扩散、蔓延时,美国商务部长威尔伯·罗斯幸灾乐祸地宣称处于扩散期的新冠肺炎疫情有助于工作岗位回流美国。面对国内抗疫不力、疫情快速蔓延的现状,特朗普政府通过指责中国转移矛盾,频繁抛出"中国有罪论",企图以此转移国内外的注意力;美国部分政客和民间团体炒作"起诉中国",甚至威胁拒绝偿还中国所持美国国债。美国"指鹿为马"的伎俩引来了少数国家的附和,但大多数国家都拒绝站队。比如,在七国集团(G7)外长视频会议、世界卫生大会等场合,美国宣传"中国有罪论"并未成功,反而被大多数国家孤立。

此外，特朗普政府向来推行单边主义政策，屡次退出国际合作框架，在疫情期间更是变本加厉。在世界各国携手抗击病毒的时刻，美国将世界卫生组织当作政治工具，多次指责世界卫生组织"偏袒"中国。美国国务卿蓬佩奥声称世界卫生组织拿了美国纳税人的钱，却"没有完成应该完成的任务"；特朗普甚至宣布由于世界卫生组织"拒绝执行美方所要求的改革"，美国将终止与世界卫生组织的关系，并将向该组织缴纳的会费调配至别处。在双边关系上，美国在欧洲疫情暴发之际，单方面发布美欧禁航令，扣押多国抗疫物资并截胡订单；在本国疫情严重之际，向拉美国家遣返可能被感染的非法移民；在盟友因抗疫背负沉重的财政压力之际，以撤出美军为要挟，要求欧洲盟友增加国防开支，承担更多驻军费用。美国在全球危机中的举动，不仅不利于全球合作抗疫，也将损害其作为世界大国的信誉。

第二，欧盟离心离德，其内部问题在疫后将继续存在。除美国外，西方世界的大多数国家在疫情期间的表现都不尽如人意，主要体现在以下几个方面。

首先是种族主义。种族主义的加剧使西方国家在疫情面前进退失据。日本财务相麻生太郎曾表示，某些欧洲国家对新冠肺炎疫情反应冷淡，甚至某些国家的代表认为"那是黄种人的病，不是我们的病"；一些欧洲媒体也多次暗示，新冠肺炎疫情是中国"不卫生"生活习惯的产物。这种自大的情绪令欧洲错失了防疫的最佳时机。

其次是欧盟内斗。近年来，德国经常以欧洲领袖自居，德国前外长加布里尔甚至要求中国尊重"一个欧洲"原则,但在疫情面前,德国抢夺瑞士等邻国的医疗物资,从低收入国家抢夺医护人员,其形象从欧洲的"武林盟主"变成了不讲道义的"山贼盗匪"。与此同时,欧盟对意大利等国家的疫情无所作为,反而是中国伸出了援手。欧盟在疫情稳定后试图进行一些补救,在国际上积极呼吁合作抗疫;但欧盟的问题在疫后还可能会继续存在,欧洲一体化任重道远。

最后是"群体免疫论"。一些国家对疫情采取拖延甚至放任的态度,最终导致疫情扩大化。英国在本土疫情暴发初期一度采取消极防疫的态度,招致社会各界的批评,最终被迫转变策略,积极抗疫。瑞典明确采取"群体免疫"策略,导致新冠肺炎死亡率高居欧洲第二,累计死亡人数达到三个邻国总和的四倍以上。

事实上,巴西、美国的低效率抗疫都或多或少地受"群体免疫论"的影响。可以说,部分西方国家的"群体免疫论"大大增加了其他国家的风险,促使抗疫成为持久战。

第三,世界多国面临复杂考验。除欧美国家以外,俄罗斯、巴西、印度等国家也已经成为疫情的重灾区,非洲和拉美地区的国家也面临考验。首先是俄罗斯。俄罗斯在疫情初期对中国边境严加防范,却未能对欧洲方向输入的病毒提高警惕。虽然俄罗斯学习中国经验,建立方舱医院,但抗疫效率不尽如人意。俄罗斯在疫情期间仍然面临西方国家的经济制裁,虽然目前疫情已经逐渐得到控制,但政府的经济压力仍然沉重;对于正在推动修宪和

"任期清零"、试图长期执政的普京而言，新冠肺炎疫情后的经济复苏将是俄罗斯面对的首要挑战。

其次是巴西。目前，巴西新冠肺炎感染和死亡人数快速增加，已经成为世界疫情的"震中地带"。巴西部分地区经济发展水平较低，疫情之下大批贫民被感染。巴西总统博索纳罗自上台以来主打经济牌，如今受新冠肺炎疫情影响，国家经济衰退，但其仍然顶着疫情压力主张复产复工，在国内引发很大争议。博索纳罗在抗疫过程中进退失据，遭到多方批评，可以预料，疫情过后的巴西很可能会面临政治危机。

再次是印度。印度存在着规模巨大的贫民窟，部分地区公共卫生水平落后，近期还面临蝗灾的压力。作为人口大国，印度的沦陷可能导致全球抗疫难度骤升。

最后是非洲和拉美的许多国家。这些国家在疫情之下处境艰难，虽然世界卫生组织和多国积极对其予以援助，但仍然可能出现人道主义危机。

相比之下，亚太地区在疫情期间的表现总体不错。中国和韩国都采取了"封城"等措施，有效遏制了疫情的蔓延。在韩国，面对"新天地教会"对防疫工作的抵抗，文在寅总统采取了坚决快速的处置措施，在政治上扭转了韩国左翼的不利态势。日本疫情时有发生，虽然为了奥运会的顺利举办耽误了一些抗疫时机，但社会运行基本稳定，民众自发隔离、自觉戴口罩。东盟国家在新冠肺炎疫情中总体损失较小。疫情过后，东亚、东南亚各国的优异表现有助于消除民众对西方国家的盲目崇拜，区域内的经济一体化也有利于亚太地区的政治稳定。

新冠肺炎疫情过后,更多的人或将走出"唯西方论"的盲目崇拜。

新冠肺炎疫情将给世界带来意识形态上的冲击。长期以来,以美国为首的西方发达国家将物质财富与自由主义意识形态挂钩,将现代化与西方民主制度挂钩,鼓吹自由市场在效率和创新方面的优势。对于政治制度不同的国家,西方舆论致力于宣传其落后、腐败和低效的一面。在美国约翰斯·霍普金斯大学2019年发布的《全球卫生安全指数》中,美国以83.5分(满分100分)位列第一,而中国则以48.2分排在第51位。

在新冠肺炎疫情暴发初期,部分西方媒体和亲西方舆论格外兴奋,《明镜周刊》声称中国需要的药方是"自由和民主",多家媒体认为新冠肺炎疫情将成为中国的"切尔诺贝利时刻"。但最终结果是,中韩两国在抗疫效率上远高于西方国家,反倒是美国至今未能控制住疫情。

当疫情在发达国家和地区肆虐时,种种打着"自由"旗号的蠢行得以暴露:民众无视政府禁令聚众活动,年轻人以"年轻人死亡率低"为由肆意狂欢;政客将不戴口罩与"捍卫自由"相联系;部分媒体在传播虚假谣言和种族主义言论方面肆无忌惮;部分西方发达国家政府应对失当,频繁出现抢夺物资、数据造假、忙于党争等丑闻,面对国内不断升级的公共危机仍然坚持推卸责任。此次疫情令更多的旁观者尤其是中国民众看清了西方制度的内在不足。可以预料，疫情过后，更多的人将走出"唯西方论"的盲目崇拜。

事实上，应对突发性公共事件往往需要各方面做出牺牲。新冠肺炎疫情面前，中国的医疗工作者、一线工人、军人以及大量的服务业劳动者超负荷工作。普通民众牺牲出行自由，通过规模巨大的隔离行动阻断疫情蔓延；企业和政府承担经济停转损失和公共卫生支出，为防控疫情奠定基础。而部分西方国家不具备这些条件，也不愿做出牺牲：政府在防控疫情和发展经济两方面举棋不定，民众更是执迷于"个人自由"，全然不顾自己的行为对社会的危害。正是在医疗资源和人力资源严重不足的情况下，一些国家才寄望于"群体免疫"，然而却导致疫情更加难以控制。政府力量强大、科研水平世界领先的美国或许拥有控制疫情的能力，但却陷入了内政危机（联邦政府和州政府以及不同党派的民众不愿意协力抗疫）。

美国社会存在几种难以弥合而且愈演愈烈的矛盾，包括贫富差距、种族矛盾、左右意识形态、虚拟经济与实体经济、全球化与反全球化等。重大社会危机会促进极端群体的涌现，而这些群体之间无法沟通，社会对立因此加剧。例如，2008年国际金融危机之后，美国民众对肆意妄为、向国家和社会转嫁风险的华尔街金融家深感不满。美国左派要求强化监管、完善社会保障机制，极端右派"茶党"则要求削减赤字、限制政府权力，两者的诉求存在根本矛盾。2010年后，凭借新型社交媒体和"茶党运动"，另类右翼运动在美国崛起，种族主义大有死灰复燃之势；左翼则相应产生了反法西斯运动、"黑人的命也是命"运动等，主张以暴力对抗另类右翼。传统的美国社会拥有大量的"温和派"中产阶级，因此在美国的竞选机制下，两党推选上台的政客都会温和持中。但随着社交平台日益发达以及中间派选民投票意愿下降，特朗普凭借高效的网络动员能力、独树一帜的话题制造能力，获得了美国右翼分子的支持，在2016年的总统大选中胜出。

面对社会危机，美国部分精英拒绝反思自身制度，反而将矛盾外引，执着于意识形态斗争。自奥巴马时代以来，美国对中国的战略敌意与日俱增；美国精英阶层因未能对中国"和平演变"而感到失望，在商业上对来自中国科技企业的竞争感到不满，在军事上对日益成熟的解放军军力感到担忧。特朗普上任后，美国在反华路上越走越远。在这种大环境下，美国政府在贸易、科技、金融、司法、军事、外交、人权、国际组织等领域动作频频，毫不掩饰遏制中国发展的意图，甚至将新冠肺炎疫情当作敲诈中国的武器；对华"温和派"丧失话语权，一些议员和社会团体甚至比总统特朗普更加激进。

疫情之后，中国面临的"百年未有之大变局"或将更为复杂，需要做好持久战准备。

突如其来的危机反映了世界各国民间与政府对于中国的真实态度。大多数国家都在危急关头力所能及地向中国提供援助，国际组织也表达了对中国的支持，但仍有部分国家出现了排华现象，美国及其盟友趁机兴风作浪。

总体而言，中国围绕防疫的内政外交取得了不错的成效。第一，中国做出"封城"的艰难决定，有效限制了病毒传播，至少保证了世界五分之一人口的安全。世界卫生组织专家艾尔沃德称赞"中国方法是唯一事实证明成功的方法"，并感谢武汉人民为控制疫情做出的牺牲。

第二，中国在国际抗疫中发挥了重要作用。比如，中国主动减免77国债务，在疫情期间对多国进行人力、物力援助，积极支持世界卫生组织的工作。

第三，中国的抗疫行动向世界展现了其强大的治理能力以及领导人以民为本的决心。虽然本次疫情也暴露出了地方主义、官僚主义等问题，但中国集中力量办大事、不惜代价控制危机的治理模式获得了国内外的肯定。

新冠肺炎疫情也给中国带来了一系列新挑战。首先，中美关系持续恶化。疫情给美国社会带来了一系列危机，种族矛盾、贫富矛盾都在激化，这使得美国战略家更加狂躁，甚至非理性。其次，"中国有罪论"不断发展。以英美为首的西方国家将在国际上不断煽风点火，鼓动世界各国向中国"索赔"，部分经济困难的国家可能与西方反华势力一拍即合。再次，部分周边国家出于转移内部矛盾等战略需要，有意挑起与中国的边境冲突。最后，反全球化浪潮严峻。反全球化将给跨国危机治理造成巨大障碍，甚至直接危及中国的海外利益。

当前，人类已经处于命运共同体，全球性的新冠肺炎疫情证明了全球治理的必要性。因而，哪怕中国控制住了疫情，但只要外界疫情不断蔓延，中国的经济仍旧背负抗疫的高压。可以说，疫情过后的全球治理符合中国利益，也是中国无法逃避的责任。

中国的当务之急仍然是恢复经济生产，缓解国内中小企业、低收入劳动者的生存压力。在外来输入压力巨大、内部疫情时有复发、科学家对病毒缺乏全面了解的当下，中国需要做好持久战准备，制定出快速、有效的有限封锁机制，在与病毒共存的大前提下，有序维持经济机器的运转。

总之，新冠肺炎疫情使中国面临的"百年未有之大变局"更加复杂，向决策者和研究者提出了一系列新挑战。中国只有尽快从疫情中恢复，才能更有底气地应对挑战，从而谋求更加长远的发展。

第二篇

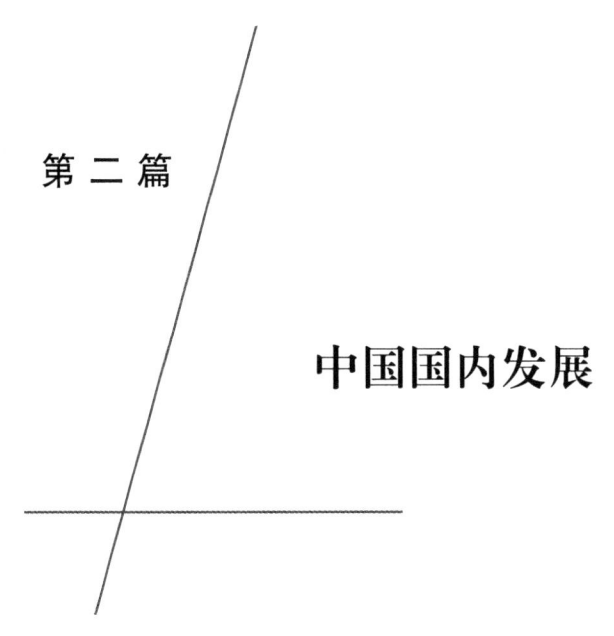

中国国内发展

中国不存在懈怠问题，会一直向前走[*]

一 人类命运共同体的提出表明中国承担起更多国际责任

习近平主席在上任伊始就提出"中国梦"。当时西班牙首相索拉纳就说，习主席提出的"中国梦"，其实是大国宣言。从外交的角度看，中国发展到了一个需要在世界上发声的阶段。最近出现频率很高的三个词，即全球伙伴关系网络、合作共赢的新型国际关系、人类命运共同体，这三个词语是有内在联系的。如果国与国之间能够结成伙伴关系网络，那么就可能走向合作共赢的新型国际关系，然后才能达到最终目标——人类命运共同体。

另外，人类命运共同体的提出是对现行国际体系的完善。现行国际体系是由西方国家主导建立的，我们应该看到它的历史贡

---

[*] 本文刊于人民网2017年6月8日。

献。西方国家率先从农业文明进入工业文明，实现了生产力的大发展，使人类征服自然、改造自然的能力大大提升，这是值得肯定的。但现行国际体系有其根本不平衡之处。第二次世界大战之前国家就分为列强、殖民国家、殖民地国家。第二次世界大战之后，虽然很多殖民地国家纷纷实现民族独立，但国际体系在根本上是不平等的。国际关系还陷在零和游戏、国强必霸的逻辑中。现在，人类命运共同体的提出，将会推动国际体系向更加公正、合理的方向发展。

二　中国坚定推进经济全球化给世界吃了定心丸

全球化进程从地理大发现时就开始了，是一个人类走向统一生活方式的过程。全球化最高峰是在过去的30年，全球化凯歌行进30年后，逐渐暴露出来一些问题，比较突出的是金融力量太强大、实业被压缩，形成巨大泡沫，这是很危险的。各国内部出现了贫富分化，国家间的发展也出现分化，人们的观念混乱，对前途没有把握、缺少信心。这些年，在全球化的发源地——英美国家出现了逆全球化的思潮和现象。2016年英国"脱欧"，还有特朗普成功竞选美国总统，笔者认为这是他们本国民众对过去30年全球化成果分配不满意的结果。

美国总统特朗普就职后，其废除"跨太平洋伙伴关系协定"（TPP）、退出"巴黎协定"等一系列举动，令许多国家不安，全球化以往的推动力量——美国改变了其对全球化的态度，不禁让人对全球化的未来十分担忧。特别是那些靠贸易生存的小国家，如新加坡、阿拉伯联合酋长国、荷兰、日本、韩国等国，它们更是忧虑。这种情况下，它们期待中国能发挥更大的作用。2017年1月，习近平主席在世界经济论坛上的一番讲话，收获了国际社会的一片掌声，原因是什么？在这种全球化前途不明的情况下，中国作为世界上GDP排位第二的国家、第一大货物贸易出口国、第一大制造业国家，决定继续推进全球贸易自由化，支持经济全球化。这就给世界提供了信心，让世界吃了一颗定心丸。

三 中国不存在"中等收入陷阱"

现在很多人在谈两个陷阱，国内叫"中等收入陷阱"，国际上叫"修昔底德陷阱"。笔者认为东亚国家不存在"中等收入陷阱"，那其实是个拉美地区的现象。笔者比一般学者更有信心是因为我的研究表明：现代文明的基础是现代制造业，中国恰恰具备了独立掌握现代制造业的能力，这是我对中国充满信心的重要来源之一。

信心的另一个来源是，中国的纠错能力非常强，我们不存在懈怠的问题，我们会一直向前走。任何国家在发展的过程中很难保证绝不犯错误，国家间长期竞赛比的就是纠错能力。中国人在纠错和前进上的能力和愿望是非常强的，这也是我对中国充满信心的来源所在。

"非西方"的中国为何能快速崛起[*]

如何解释中华人民共和国成立以来，尤其是改革开放以来取得的巨大成就，是近年来广受国内外学界关注的问题。以西方发达国家的现代化历程为参照，对比中国与其他非西方国家在现代化，尤其是工业化道路上的不同，或许能为理解中国的快速发展带来一些启发。

一 欧洲现代化样本"三部曲"

到目前为止，人类现代化最完整的样本来自欧洲。欧洲的现代化经历了一个"三部曲"：一是社会变革，从中世纪时期宗教主导的社会，转变成为适合现代化发展的世俗社会；二是实现工业化，从过去的工场手工业，变成大机器、规模化生产；三是推动西方版的全球化。

---

[*] 本文刊于2017年9月19日《环球时报》。

欧洲最先从诸文明中脱颖而出的关键在于其率先完成了现代化过程中最难的社会变革，即把社会从前现代转变到现代。这种转变有三个核心内容，可归纳成3个"R"。

第一个"R"是文艺复兴（Renaissance）。在那之前，欧洲人的价值观念体系主要在于履行宗教责任，虽然社会也存在着阶级矛盾，但统治者能依靠非理性的宗教信仰维持统治。文艺复兴以及后续的启蒙运动，把"世俗的人"召回现实世界，使人存在的意义不再只是为神奋斗，而是谋求多数人的最大幸福。这就树立了社会的世俗意义。

第二个"R"是宗教改革（Reformation），即"上帝的归上帝，恺撒的归恺撒"，进一步厘清了宗教与世俗的界限。宗教有其位置，但不过多干预世俗生活。

第三个"R"就是革命（Revolution）。最典型的例子是法国大革命，其结果是让一个等级森严、压迫型的社会变得开放，平民获得上升空间。

完成社会变革并实现世俗化、平等化之后，欧洲国家就启动了以大机器生产和高效率为主要特征的工业化。在工业化之前，工业产品主要供给欧洲王室和贵族，平民百姓没有资格享用，因此需求不旺、产量不高。转为大机器生产后，工业生产的投入增多，因此自然而然要求市场最大化，这种要求在变革后的欧洲社会已能实现。

工业化的成功使西方的工业力量和知识水平凌驾于非西方世界之上，于是西方国家开始向全球推广西方版的全球化，这是迄今为止人类最完整的现代化样本。

二 中国实现社会结构变革

放眼非西方国家，中国可能是唯一一个完成了社会结构3个"R"变革的国家。我们是古老文明中罕见的世俗文明，若以文字、金属工具和城市作为成熟文明的三个充分必要条件，则前现代化时期的世界主要有三大文明圈。

一是环地中海文明圈，宗教上主要就是亚伯拉罕系三大宗教覆盖的区域，虽然犹太教、基督教、伊斯兰教之间争斗得厉害，但它们都是一神教，文化结构相似。二是南亚文明圈，宗教上主要表现为多神教，比如信仰万物有灵，等等。三就是以中国为主的东亚文明圈，其特点是世俗化。

三个文明圈取向不同。一神教文明圈看未来，相信未来存在"末日审判"，一个人的德行或罪恶将得到回报或惩戒；南亚文明圈是向后看，相信轮回和循环；而以中国为代表的东亚文明圈是看现在，在根本上表现出一种现代性，不靠神性而靠理性维持运转。

对于中国文化，世人有个历史误解，那就是认为中国文化趋于保守，但事实是中国文化一向开放。比如我们历史上主要是农耕文化，不重视骑兵，但在春秋秦穆公和西戎北狄打仗时就开始使用骑兵了，到战国赵武灵王时甚至有了"胡服骑射"的理论；再如价值观上，之前中国的儒法道等已各具优点，但仍能吸纳外来的佛教，经过交融后在维护社会运行的相关方面发挥积极作用。

如是观之，中国文化非常善于学习和借鉴。近代以来，中国也经历了大规模引进西方价值观和经验的过程，晚清更多是学器物，民国时学制度体制，中华人民共和国成立后实现马克思主义中国化，改革开放以来中国也是借鉴了不少西方国家的发展经验。本身底子不错，加之努力学习，这使中国的第一个"R"（"文艺复兴"）基本得以解决。

至于第二个"R"（宗教改革），因为中国本来就是非宗教文化，所以并没有必要进行欧洲国家那样的"宗教改革"。但我们也经历了一个打破封建礼教的过程，三纲五常等在中国革命过程中遭到较为彻底的唾弃，这与欧洲"宗教革命"在内在逻辑上有所相似。

说到第三个"R"，也就是革命，中国无疑做得很好。在前赴后继的革命过程中，社会结构改造非常成功，实现了平民主义化，且其程度之深世所罕见。

三 逐步走向完整的现代化

完整实现社会结构的3个"R"变革，为中国推动工业化打下了坚实基础。中华人民共和国成立以来，我们工业化的成就有目共睹，一个明显的标志就是2016年中国制造业规模达到美国的160%，总量几近美、日、德三国之和。这种距离还在逐渐拉大，虽然美国总统特朗普上任后强调制造业回归，但迄今为止还没有什么效果。按照当前的增长速度，10年后中国制造业规模可能将超过美、日、欧盟之和。

除了规模庞大，中国工业体系也极其完整。美国高盛集团2017年4月发布的评估报告显示，中国深圳的科技成果市场转化能力已超美国硅谷。这是一个很重要的结论。过去30年来美国一直引领科技创新，但因为美国的工业基本上空心化了，所以生产效率提高得很慢。这与中国不断完善工业体系、提高生产效率正好相反。

较之中国，其他大部分非西方国家的工业化路径是被殖民和强行纳入西方工业体系的。比如印度，从1513年东印度公司进入印度算起到1947年独立，印度被殖民了430多年，它的独立过程没有伴随革命，没有经历宗教改革，也没有完成现代化所必需的社会结构变革，因此时至今日，印度社会还处在前现代阶段。即便已有一些现代化成果，但基本都是外来的，其自身工业化能力依然严重不足。

在工业化取得成功后，中国对全球化和全球治理越来越感兴趣。尤其以2016年杭州二十国集团（G20）峰会为标志，中国对很多国际问题提出"中国方案"。按照这种逻辑梳理，可以说中国正在逐步走向一个完整的现代化。

改革开放，中国不忘外国朋友[*]

2018年12月18日，中国在对100名改革先锋人物进行表彰的同时，阿兰·梅里埃等10名国际友人也获颁中国改革友谊奖章，并由习近平总书记等领导同志为获奖人员颁奖。这引来不少国际媒体的关注。

过去一段时间，一些西方媒体对中国改革开放40年所取得的巨大成绩与西方的帮助多有关注。其中，一些美国媒体"夹枪带棒"地暗示，中国似乎把改革开放取得的成就都归功于中国政治制度的正确和人民的勤劳，忘记了过去帮助过中国的外国人和外国经验技术。应该说，这次为10名国际友人颁发中国改革友谊奖章，就是对这种论调的有力回应。

对于类似的这种声音，我们要对其背后的心理做出厘清。

首先，过去40年中国的改革与开放是携手并进的，改革因为对外开放的环境而得到推进，改革反过来也让开放的力度越来

---

[*] 本文刊于《环球时报》2018年12月19日。

越大。改革开放之前,中国已经与一些发展中国家建立了非常好的关系,而改革开放让我们以市场份额和其他比较优势,从西方国家换来了发展资金、先进技术、管理经验、市场渠道等方面的帮助。这些是事实,我们不用回避。

其次,国外有一些人担心中国的改革开放可能不会延续下去,希望中国能看到西方好的一面,继续把改革开放走下去,这传递的是一种善意的期待。

最后,有少数西方人,以美国副总统彭斯为代表,宣称是美国重建了中国,中国却对美国不感恩。这种夸张了的说法给中国扣上"忘恩负义"的帽子,是一种散发着恶意的论调,我们当然要予以回击。

对于这三种心理我们需要区别对待。事实上,不管是在改革开放40年,还是此前的任何时期,对所有真心帮助过中国的外国朋友,中国人都是心怀感激的。作为一个有着几千年文化传承的世界大国,中国人自古以来就非常念旧。"滴水之恩,涌泉相报",这是很多中国人在孩童时就明白的道理。此次设立中国改革友谊奖章也是为了感谢10位友人所代表的更大群体,可能有些人没有进入这个名单,但是每个人都对中国的改革开放事业做出了贡献,这一点中国不会忘记。

当然,随着时代的发展和国际局势的演进,中国与西方发达国家的关系也在发生着微妙的变化。以美国为例,老一代美国领导人、高级官员、资深学者曾经在中国有着长时间的工作、生活经历,他们非常了解中国,与中国各方面有着密切互动,对中国有着美好的回忆。但是年轻一代的美国官员、学者与中国的互动不少是程序性的、商业性的，缺乏对中国的深入了解。而且由于现在外国人往来中国的数量与当年相比已是天壤之别，他们已经享受不到过去的优待，所以对中国的感觉与上一代相比发生了变化。客观上说，这其实也是一种正常的状态。

未来我们还要做好准备，一些国家在美国的影响下可能对与我们的合作采取拒绝的态度，例如"五眼联盟"国家最近在华为问题上的表态。我们不应回避这种可能，应对之道在于我们要更加努力、更加开放。第一，我们要保持住国内经济快速发展的势头；第二，进一步扩大对外开放，让中国对外部的吸引力不减弱反而更大；第三，外交上积极推动合作，广交朋友。努力就会有收获，这是中国人坚守的一个信条。

现代化不是只有一条路,我们给发展中国家提供了另外的道路选择*

过去西方对世界的主导不仅是力量上的主导,而且观念上也主导。现代化,对于很多国家而言就是现代西方化。但是现在可以很肯定地讲,现代化还有一条路,就是中国特色社会主义道路。

现在美国人很生气,对党的十九大报告很生气。因为习主席在里面讲了一句话,说中国特色社会主义道路给发展中国家现代化提供了另外的道路选择。他们认为这句话是我们发起了新冷战,认为我们在进行制度竞争。美国人说现代化本来只有一条路,每个国家都得往这走,留下买路钱,现在不来了,跟着中国走了,至少把美国的利润分走了一部分,美国人就跟我们急了。

所以大概情况是这样,世界在不确定当中有确定性,这就是习主席讲的"百年未有之大变局"。它里面的含义:一是这个格

---

* 本文内容为金灿荣教授 2019 年 2 月 23 日在香港大学的演讲,收入本书时有所修订。

局从西方主导走向东西方平衡。

二是观念变了，现代化不是只有一条路，有多种道路，至少现在走通了两条路。

三是"百年未有之大变局"的依据就是我们人类正在迎接第四次工业革命，而这次工业革命东西方都有机会。过去三次工业革命分别是1769年，英国人詹姆斯·瓦特造出来蒸汽机；然后过了100年，19世纪60年代，美国人实现电力的广泛使用——电气化；1946年美国人造出人类第一台二进制计算机，之后是计算机革命，这是人类到目前为止的三次工业革命，分别是蒸汽机、电气化、计算机，它们的特点是什么？全部都是西方人发起的。而且再具体一点，全部是讲英语的盎格鲁-撒克逊民族完成的。

所以我们以后要尊重这个民族。因为这个民族很厉害，他们是父子俩，美国从英国独立，继承了英国的政治文化和法律制度，他们的基因是一样的；这两个国家很厉害，三次工业革命全部发生在英美；历史老人其实是很公正的，因为这父子俩对人类的工业文明时代的进步贡献很大，于是历史老人就给他们回报，让父子俩主导天下300年。

首先，日不落大不列颠帝国主导世界200年，然后是美利坚帝国——100年；其次，不管大家是否接受，我们都得用英文交流，因为这是国际交流语言；再次，金融霸权也是这两个国家的，以前是英镑霸权，现在叫美元霸权；最后，很多行业的标准也都是由英美两国制定的。

中国过去有个问题，三次工业革命我们都没有抓住，这就是我们现在相对落后的原因。其实我经常访问其他国家，美国去了一百多次，韩国去了一百多次，其他国家去了八十几次了。除了南极洲没去，其他洲都去过。我的感觉是，中国人是非常优秀的，不是一般的优秀，是非常优秀。

但是我们现在还是发展中国家，这其中有很多原因，但根本的原因就是三次工业革命，我们一次都没有抓住机会。日本人抓住了第二次工业革命的机会，其实三次，抓住一次我们就是发达国家了。我们努力这么多年，2018 年中国大陆人均 GDP 是 9900 美元，还不到 1 万美元，世界平均水平是 11500 美元，我们离平均收入还有一点差距！而根本原因就是没有抓住工业革命，但是现在机会来了，第四次工业革命我们是有机会的。

关于第四次工业革命现在有两种观点，一种观点说第四次工业革命已经来了，比如达沃斯论坛主席施瓦布。他在 2018 年天津夏季达沃斯论坛时就认为"5G＋物联网"就是第四次工业革命。如果这个观点成立，那么很肯定地讲，中国已经在世界上领先了。因为中国的 5G 最好，华为的 5G 比诺基亚和爱立信要领先两年，成本要低 30%—40%；美国没有 5G，美国有个"水货"5G，就是 AT&T。美国现在没有企业了，摩托罗拉和朗讯已经没有了，只能用诺基亚和爱立信的，当然美国人对这两个也不是很喜欢，毕竟是欧洲的公司。美国现在在扶植三星。因为关于三星大家都知道一个情况，三星一半以上的股权是美国人的，所以美国在扶植三星追赶 5G，但是我估计三星是追不上来的，其技术积累跟华为有差距。

这是一个情况，如果施瓦布这个观点成立，"5G＋物联网"就是第四次工业革命的话，那么我们已经领先了。在物联网投资还有5G基站投资方面，我们是绝对领先的，首先技术领先，其次就是投资领先。我们三大运营商在国内建的5G基站占全世界75%。

但是施瓦布先生这个观点是少数派，多数人认为第四次工业革命目前还没有来，还在途中。我们听到它的脚步声了，还没有看到人行。现在美国的科学界还有产业界认为5G可能存在于未来的五个方向，第一个是新材料；第二个是基因工程；第三个是AI，即人工智能；第四个是量子科学；第五个是核聚变。

这五个方向酝酿着真正的第四次工业革命，但目前还没有到来。现在的分布情况是这样的，这五大方向美国由于技术积累很好，所以美国肯定都是全面领先的。美国属于第一梯队，这个国家单独第一梯队。但是中国人值得欣喜的是什么呢？我们跟欧洲、日本在这五个领域都有一些积累，都有很大的投入，我们肯定属于第二梯队，这就已经很了不起了。至于说韩国、印度、俄罗斯这些国家，基本上就是重在参与了。换句玩笑话，这一些老兄年纪大了跟孙子说，这一届奥运会我去过，虽然什么奖牌都没拿。

所以说剩下的所有其他国家都属于第四梯队。第四次工业革命对于他们来说是没有机会的，他们现在唯一能做的就是"做好事祈祷命运对他们会好一点"。那么再下面的推理是这样的，我个人认为未来十年中国一定会在第二梯队脱颖而出，一定在第一梯队，最后第四次工业革命应该就是中美的竞争。我认为在未来中美的竞争中，我们胜算较大，道理在哪呢？因为我们的能力比美国全面，美国技术创新能力是最好的，过去30年世界上最好的技术90%还是美国人提供的，但美国现在有一大问题，就是没有产业了，产业空心化了。中国的特点是什么产业都有，这是个事实，我们拥有人类最齐全的产业。而且中国人把技术变现的能力特别强，所以我认为我们这方面优势比美国大，最后的竞争我觉得我们能赢。因此我现在到处主张，我们这一代人要有一个使命，一定要努力让第四次工业革命发生在中国，这将是我们对人类的伟大贡献。

中国的发展是自己努力的结果，谁都不欠*

中美贸易完全是市场选择的结果，所谓中国"占了便宜"的言论毫无来由，因为买卖不是打仗，打仗是一方强加条约给另一方，而买卖是要双方都有意愿才能做。美国的商人是很成熟的，肯定不会做亏本生意，他们在全世界寻找供货商，最后找到中国，说明对于他们来说，和中国做生意是最合适的。中国商品性价比很高，而且交货及时，最有信誉保障，因此美国购买中国产品是市场选择的结果，谈不上谁欠谁，这是彼此的买卖，对双方都有利。

世界银行有过一个统计，假设美国真的很极端，将中国产品彻底排除出美国市场，那么美国消费者需要从国外购买这些产品，以及需要多付钱，这样算下来，美国大概一年要多付1200亿美元，这对消费者是不利的，对美国整个经济的效率也不利。

---

* 本文为金灿荣教授接受中央电视台2019年5月14日采访的内容，收入本书时有所修订。

而强迫技术转让也是不存在的。我认为技术转让实际上还是遵照市场原则，如果对方不愿意，技术在别人的头脑里，再逼迫对方也不会给的。

一　政府扶持产业发展是惯例

大家可能都知道，1957年美国遇到了一个挑战，苏联先把人造地球卫星发射上天了。当时美国很震惊，举国上下培养数理化人才，用举国体制进行了一个项目——"阿波罗登月"。人造地球卫星输给苏联了，那么登月就要超过苏联。这一举措不是国家支持产业发展是什么？

另外，现在全世界都在使用的因特网，是美国国防部1969年内部的一个通信系统，发展成熟后交给了民间，因此形成了新产业。所以，政府通过自己的资源和政策，帮助国内的产业升级，这样更有竞争力，是天经地义的。每个国家都这么做，包括美国，中国也不例外。

二　美国所谓的"公平贸易"是不公平的

现在美国变了，它对自己创立的体制已经不尊重了，而这背后的逻辑其实还是霸权主义。"我创立的东西如果方便我就用，不方便我就不要了"，这是很不负责任的。

过去美国到处主张自由贸易，现在不提了，换成了"公平贸易"。而美国所谓的"公平"对于发展中国家来说是不公平的，它要取消发达国家和发展中国家关税待遇的差异，大家统一一个关税，这是不符合世界贸易组织原则的。

市场经济没有明确的统一规定，是由国家客观条件决定的，不同的比例就是不同的所有制，符合一个国家的需求才是最好的，而不是符合哈佛大学的教科书就是最好的。

三 中国的发展是自身努力的结果

同样在美国的政策影响之下，130多个发展中国家，为什么只有少数国家，包括中国在内发展起来了？我认为不能从美国的领导方式中寻找答案，只能从这些国家，即少数成功国家内在的动力和领导方式去寻找答案。

中国发展起来主要是中国人民自己做得好，中国共产党领导有方，中国人民也干劲十足。美国经常说中国的发展是他们带来的，说严重点，美国有点"贪天功为己有"，说平淡点是严重不符合实际。中国的发展就是自己努力的结果，党中央正确领导的结果。不欠谁，谁都不欠。

第三篇

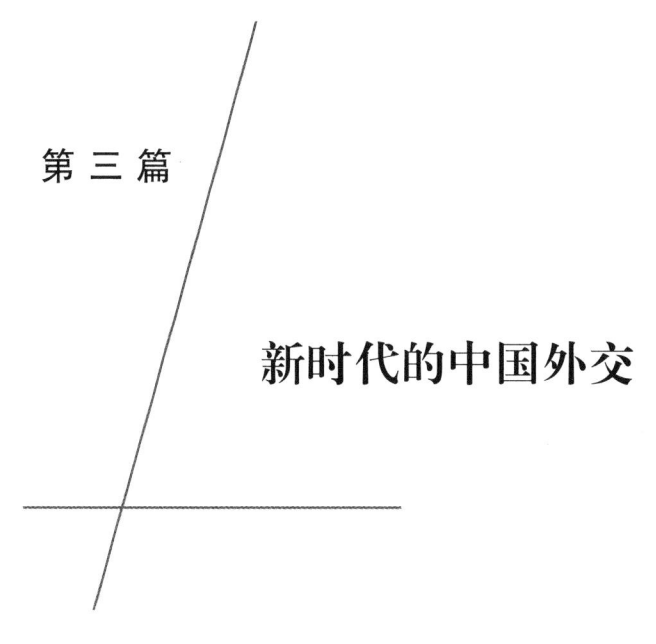

新时代的中国外交

中国特色大国外交，服务于中华民族伟大复兴[*]

中国共产党第十八次全国代表大会以来，以习近平总书记为核心的领导集体，开启了中国内政治理、外交开拓的新征程。五年来，党中央准确把握国际风云变幻的复杂局势，开启了中国特色大国外交新时代。

面对日益复杂的国际局势和中国快速发展过程中出现的新挑战、新要求，中国外交既需要找准自身定位，又需要进一步拓宽中国的发展空间。五年来，中国领导人逐渐勾勒出较为完整的外交蓝图。

一 提出外交工作总体目标，确定崭新的国家定位

长期以来（至少是改革开放以来），中国的自我定位一直

---

[*] 本文刊于《当代世界》2017年第10期，原题为《十八大以来的中国外交理论和创新》，收入本书时有所修订。

是"发展中国家""东亚的地区大国"。"地区大国"的国家定位是基于中国长期发展的整体国情,相应地,中国的外交目标也主要是为国内的经济发展保驾护航,这显然是一种处于守势的外交姿态。随着中国与世界各地经贸联系的加强,中国经济和安全都"走出国门",中国国家利益变得日益"全球化"。新一届中央领导集体履新以来,首次提出了中国外交工作的总体目标,即"构建具有中国特色的大国外交",明确指出了中国的世界大国定位,也指出了中国外交必须服务于中华民族的伟大复兴。

从"中国梦"到外交工作总体目标是中国外交服务于中国国家发展的重要体现。2012年11月,习近平总书记在参观"复兴之路"展览时提出了实现中华民族伟大复兴的"中国梦"。2014年11月28—29日,中央外事工作会议在北京举行,习近平总书记在会上发表重要讲话,首次提出了中国外交工作总体目标,即"高举和平、发展、合作、共赢的旗帜,统筹国内国际两个大局,统筹发展安全两件大事,牢牢把握坚持和平发展、促进民族复兴这条主线,维护国家主权、安全、发展利益,为和平发展营造更加有利的国际环境,维护和延长我国发展的重要战略机遇期,为实现'两个一百年'奋斗目标、实现中华民族伟大复兴的中国梦提供有力保障"。

二 明确倡导新型国际关系，为世界和平做出重要贡献

明确倡导"人类命运共同体"和推动以合作共赢为核心的新型国际关系，在国际关系领域占据道德高地，是中国对世界和平的重要贡献。党的十八大报告中明确提出："要倡导人类命运共同体意识，在追求本国利益时兼顾他国合理关切，在谋求本国发展中促进各国共同发展。"此后，习近平主席在就任后首次会见外国人士时表示，国际社会日益成为一个你中有我、我中有你的"命运共同体"，面对世界经济的复杂形势和全球性问题，任何国家都不可能独善其身。2015年9月，习近平主席在纽约联合国总部发表重要讲话时更是指出："当今世界，各国相互依存，休戚与共。我们要继承和弘扬联合国宪章的宗旨和原则，构建以合作共赢为核心的新型国际关系，打造人类命运共同体。"

世界历史上无数的斗争和冲突表明，地区主义、小团体主义，甚至霸权主义，都严重影响了世界的和平与稳定。西方长期以来追求以"零和"的方式实现局部和平，往往带来其他区域的混乱；而中国秉持的"人类命运共同体"理论和推动构建的以合作共赢为核心的新型国际关系，不仅有助于解决当前的"大国困境"，还有助于解决当前人类面临的一系列问题，包括发展问题、环境问题、安全问题等。这个理念的核心在于"共同命运"和"合作共赢"，这是中国文化中"和"文化的精髓，

也是中国崛起并最终赢得世界各国支持的制胜法宝。

三 提出中国真正意义上的全球外交构想

中华人民共和国成立 60 多年来，中国外交长期是以地区战略为主。尽管中国与世界其他区域之间的联系在不断加深，但是在外交战略的规划方面仍存在一定的滞后性。新一届领导人高瞻远瞩，放眼全球，谋划了两个重要的全球外交构想，成为中国中长期外交的两个重要抓手。这两个抓手，往西是"一带一路"倡议，往东是亚太自贸区，东西兼顾，盘活了中国的整个外交，也为中国经济的长期发展注入新的活力。

2013 年，习近平主席在访问中亚和东南亚时，分别提出建设"丝绸之路经济带"和"21 世纪海上丝绸之路"的倡议。建设"一带一路"，是党中央做出的重大决策，是实施新一轮扩大开放的重要举措。习近平主席形象地指出，这"一带一路"就是要再为我们这只大鹏插上两只翅膀，建设好了，大鹏就可以飞得更高更远。"一带一路"旨在借用古代丝绸之路的历史符号，高举和平发展的旗帜，积极发展与沿线国家的经济合作伙伴关系，共同打造政治互信、经济融合、文化包容的利益共同体、命运共同体和责任共同体。

亚太自贸区则是中国的另一只"活眼"（围棋术语）。中国是一个亚洲国家，中国与亚洲国家加强联系完全符合中国的地缘经济优势。2010年横滨亚太经合组织（APEC）部长级会议决定将在各国之间43项双边及小型自由贸易协定的基础上，在亚太地区建立自由贸易区（Free Trade Area of the Asia-Pacific，FTA-AP）。在2014年11月北京APEC会议期间，中国推动亚太自贸区建设，完成了《亚太经合组织推动实现亚太自贸区路线图》的制定。亚太自贸区的建设，将成为中国和亚洲各国加强经济融合，抵御外来经济和金融风险，甚至抗衡其他区域组织竞争的重要力量。

四　针对不同性质的国际关系提出不同的外交定位

新一届党中央在处理复杂国际关系的时候，灵活务实，在"合作共赢"的大政策不变的框架下，有的放矢地提出许多新目标定位和新的政策主张，丰富了中国的外交格局。

（一）中美共建"新型大国关系"

中美关系在中国外交中占据十分重要的地位。可以预期的是，随着美国实力的相对衰落，美国的焦虑一定在增加，美国对于中国的外交围堵和防范将长期存在。中国外交如何化解这一不利态势，避免所谓的"修昔底德陷阱"，不仅"考验"着中国领导人的智慧，也决定着中国是否能够和平崛起。

2012年5月3日，在北京召开的中美战略与经济对话

(SED)期间，中美双方把构建中美"新型大国关系"作为主题。新型大国关系是以相互尊重、合作共赢的合作伙伴关系为核心特征的大国关系，是新崛起国和既成大国之间处理冲突和矛盾的新方式，之后中国领导人在多个场合上提到了这一概念。不可否认，在中美就"新型大国关系"的态度上，中方提得多、美方提得少，中方希望借此加强合作和相互尊重，美方却对此充满疑虑并且不愿马上放弃成见，但中国应该对此保持乐观态度。因为越来越多的美国学者已经认识到，中美的共存共治将是两国关系的未来，所以，"新型大国关系"是中国占据话语主动权的理论创新。

（二）中俄和中欧的战略伙伴关系

冷战结束以来，俄罗斯和中国一直是好邻居和好伙伴。近几年，随着俄罗斯经济发展的停滞和北约"东扩"对俄罗斯外部环境的压制，俄罗斯与中国的关系呈现出强化势头，双方在能源、经贸、军事、地缘安全等多方面保持密切合作姿态。目前，中俄战略协作伙伴关系已经建立20周年，2014年两国更是进入了全面战略协作伙伴关系新阶段。因此，当前的中俄关系可以说是大国构建和谐、建设性、平等信任、互利共赢关系的典范。

中欧关系也是世界上最重要的双边关系之一，对推动中欧各国及地区和世界的和平与发展都具有战略意义。1975年，中国与欧洲经济共同体建立外交关系，双方交流揭开崭新一页。20世纪末以来，中欧着眼长远，顺应潮流，推动双方关系连续登上建设性伙伴关系、全面伙伴关系、全面战略伙伴关系三个台阶。2014年3月22日至4月1日,习近平主席作为国家元首首次访问荷兰、法国、德国、比利时和欧盟总部。这次历史性访问是为中欧关系"定方向"之旅、为中欧合作"提速度"之旅、推动中欧关系战略性合作"上水平"之旅。

(三) 中国周边关系: 亲、诚、惠、容

中国与周边各国是天然的邻居关系,所谓"远亲不如近邻",中国与邻国的经济、贸易、文化等多领域的交流,是夯实中国与周边关系的重要基础。此外,所谓的"中国威胁论",就是假定中国崛起以后会以武力的方式威胁周边国家的安全。因此,2013年10月,在周边外交工作座谈会上,习近平主席提出了坚持与邻为善、以邻为伴,坚持睦邻、安邻、富邻,突出"亲、诚、惠、容"的理念。"亲、诚、惠、容"这四字箴言,是新形势下中国坚持走和平发展道路的生动宣言,是对多年来中国周边外交实践的精辟概括,反映了中国新一届中央领导集体外交理念的创新发展。这一理念也将中国与周边国家连成休戚与共的命运共同体。

(四) 中非关系与中拉关系: 友谊合作

中国和非洲有着浓厚的传统友谊和良好的合作关系,经受住了时间和国际风云变幻的考验,堪称发展中国家间关系的典范,并在新形势下得到进一步巩固和加强。2015年12月10日,中国国家主席习近平在中非合作论坛约翰内斯堡峰会开幕式上发表了题为《开启中非合作共赢、共同发展的新时代》的致辞，系统阐述了中国发展对非关系的新理念、新政策、新主张。习近平主席在致辞中表示，中方愿在未来三年内同非方重点实施"十大合作计划"，涉及工业化、农业现代化、基础设施、金融、绿色发展、贸易和投资便利化、减贫惠民、公共卫生、人文、和平与安全十个领域。为确保"十大合作计划"顺利实施，中方决定提供总额600亿美元的资金支持。"十大合作计划"得到非洲国家的积极响应和热烈支持。

拉丁美洲各国是中国发展中国家外交的重要部分，中拉论坛成立是中拉关系史上的创举，中拉全面合作伙伴关系的建立进一步完善了中国遍布全球的伙伴关系网络。2015年1月，习近平主席出席在北京举行的中—拉美和加勒比国家共同体论坛首届部长级会议开幕式并致辞，此次会议的成功举行标志着中国特色大国外交理念和实践的不断创新。

（五）中国与中东关系：务实合作

中东是世界重要的能源产区，也是历史上世界性大国竞争的重要场所，历来被称为"大国力量的试金石"。中国既希望中东能够维持稳定的原油生产，又希望其在"一带一路"建设中扮演关键的和重要的角色。2016年1月19日至23日，中国国家主席习近平先后访问沙特阿拉伯、埃及、伊朗，成为中国"十三五"开局之年中国外交的开篇之作，凸显了中国与中东的友好关系和中国在该地区不断增加的影响力。众所周知，沙特阿拉伯和伊朗在地区议题处理上分歧很大，竞争性很强，而中国领导人同时访问这两个国家，说明了中国对中东地区的影响力不断上升，也彰显了中国实现"一带一路"倡议的坚定信念。

五 强化中国在国际机构建设中的参与，在重大国际问题上积极提出中国方案

随着中国经济实力和国际地位的提升，中国在国际上的话语权和责任也应该相应得到提升。党中央高度重视以中国为主的国际机构建设和以中国为主场的国际会议的召开，希望通过这样的契机，在国际舞台上凸显中国的声音，扩大中国的影响力。

例如，随着金砖国家（中国、俄罗斯、巴西、印度和南非五国）影响力的不断扩大，2014年金砖五国决定成立金砖国家开发银行，以便于经济交流与发展，根据协议，银行总部设在中国上海。又比如，2013年10月2日，习近平主席在同印度尼西亚总统苏西洛会谈时表示，为促进本地区互联互通建设和经济一体化进程，中方倡议筹建亚洲基础设施投资银行。2015年6月29日，57个创始成员国的高级官员齐聚北京，签署《亚投行章程》。2016年1月16日，备受瞩目的亚洲基础设施投资银行正式开业。同年9月，加拿大宣布正式申请加入，成为北美洲第一个加入该机构的国家。共建亚洲基础设施投资银行已成为中国积

极融入国际社会的一个创举。

2014年5月，在中国上海举行的亚洲相互协作与信任措施会议（简称"亚信会议"）第四次峰会上，中国国家主席习近平发表主旨讲话，提出中方对加强亚洲安全对话与合作的主张，呼吁各国树立亚洲新安全观，即"应该积极倡导共同、综合、合作、可持续的亚洲安全观，创新安全理念，搭建地区安全和合作新架构，努力走出一条共建、共享、共赢的亚洲安全之路"，这体现了中国安全理念的进一步深化。此外，中国主办的2014年的亚太经合组织（APEC）北京峰会和2016年的二十国集团（G20）杭州峰会，向世人展示了中国继续推动改革开放的诚意和积极融入世界的新形象，也向世界提供了中国特色的全球经济治理的方案，为全球经济增长注入"中国动力"，诠释出中国的大国担当。在2016年9月3日二十国集团杭州工商峰会（B20峰会）开幕式上，中国国家主席习近平发表主旨演讲，他不仅表达了对中国经济的强烈信心，还希望国际社会加强合作，倡议二十国集团成员应该同国际社会一道坚定信念、立即行动，第一，共同维护和平稳定的国际环境；第二，共同构建合作共赢的全球伙伴关系；第三，共同完善全球经济治理。总之，中国是现行国际体系的参与者、建设者和贡献者，是国际合作的倡导者和国际多边主义的积极参与者。"中国倡导的新机制新倡议，不是为了另起炉灶，更不是为了针对谁，而是对现有国际机制的有益补充和完善，目标是实现合作共赢、共同发展。"

六　提出新的全球治理理念

当前世界各地区发展模式和治理模式受到西方文化和话语的影响极深，但在世界范围内出现的社会分化和分裂现象表明这样的治理模式存在严重弊端。随着中国积极参与国际事务并发挥重要作用，中国对世界的治理理念也在不断进行一些大胆、有益的创新。2013年3月，习近平主席访问非洲期间，首次提出"正确义利观"。当年10月，在中华人民共和国成立以来的首次周边外交工作座谈会上习近平主席强调，要找到利益的共同点和交会点，坚持正确义利观，有原则、讲情谊、讲道义，多向发展中国家提供力所能及的帮助。这些论述，体现了中国作为一个社会主义国家、一个负责任大国的理念和风范。

中国2014年3月在海牙提出的"发展和安全并重、权利和义务并重、自主和协作并重、治标和治本并重"的"核安全观"和同年5月在上海提出的"共同、综合、合作、可持续"的"亚洲安全观"，融入了中华文化中善于统筹兼顾、协商合作的理念。此外，2014年3月27日，习近平主席在联合国教科文组织总部发表有关人类文明发展的演讲，首次在国际场合深入、全面地阐述中国的"文明观"。他提炼概括了文明的三个本质特征：文明是多彩的、文明是平等的、文明是包容的。三大特征最终落脚点放在包容上，包容是文化多元、利益多样的前提，是人类社会平等共处的保障。演讲最后提出"让中华文明同世界各国人民创造的丰富多彩的文明一道，为人类提供正确的精神指引和强大的精神动力"这一前进方向。当然，中国在减少温室气体排放方面的贡献也不容抹杀。《巴黎协定》是 2015 年 12 月 12 日在巴黎气候变化大会上通过、2016 年 4 月 22 日在纽约签署的气候变化协定。2016 年 9 月 3 日，中国全国人大常委会批准中国加入《巴黎气候变化协定》。法国《费加罗报》表示中国的这一决定备受期待，不仅能展现出"负责任的领导者"形象，同时也能够在国际社会中产生带动效应。

基于中国传统文化和中国国情的全球治理观，以联合国为中心，以发展为优先，强调构建的全球伙伴网络以平等互信、互利共赢为前提，中国的声音受到更多欧洲大国和发展中国家的拥护。中国在全球治理中坚持不干涉内政原则，认为各国选择适合自身的发展道路是既利己又利人的思路，世界各个国家因为国情不同、所处阶段不同，因此发展道路也不同，这是客观的、合理的。中国坚持不干涉内政的原则也降低了中国外交可能面临的抵触风险。

中国特色的大国外交已经开始"扬帆起航"。未来中国外交不仅将继续为中国社会经济的可持续发展创造良好的外部环境，还将为人类发展和世界和平做出自己的贡献。

新时代的中国与世界呼唤崭新叙事*

观察者网：习近平总书记在报告中提出"中国特色社会主义进入新时代",请您谈谈对新时代特征的感想。

金灿荣：新时代是一个历史阶段。习近平总书记说中国人民从站起来、富起来到强起来了,我想这就是新时代的一个特征。

首先是综合国力强起来了,这里面经济当然是基础,但还有一些别的,包括科技国防,也包括国家的管理能力、人民的自信心、国际影响力等。这些发展到一定程度,自然就会走到强起来的阶段。

很长一段时间,无论是官方还是民间,都在有意识地压低中国的国际地位,这当然有它的好处,比较谦虚、谨慎,但是也有问题,当历史机遇到来时,如果不抓住它,就会丧失这个机遇。

所以"中国特色社会主义进入新时代"的提出,也是对现实的回应。我们的力量已经到了这个阶段,之前不愿意承认,现

---

* 本文发表于 2017 年 10 月 20 日"观察者网",收入本书时有所修订。

在只不过把这个事实点出来了。

但同时党的十九大报告也提到,我们仍然处于社会主义初级阶段,仍然是最大的发展中国家。西方国家的近代史是历时性的,中国是共时性的,当下中国是前现代、现代和后现代的问题都集中在一起,就整体来讲,中国还是处在发展中国家阶段,这是主要矛盾想要表达的意思,也是新时代的特征。

观察者网:报告同时提出"新时代中国特色社会主义思想",这一思想的提出,是基于怎样的理论和实践基础?

金灿荣:改革开放以来,我们就在不断地摸索适合中国特色、特点的现代化道路,这里面有很多西方的经验,有马克思主义和中国实践的结合,还有一些优秀传统文化的特质。有西方的、革命的、传统的来源,但总的精神是当下中国的实践需要,我们把这种探索总结成中国特色社会主义。

近四十年的改革开放,证明中国特色社会主义是成功的,但是现在内外环境都有变化,内部我们已经摆脱了绝对贫困,正在迈向全面小康。温饱问题解决之后,人民对物质的要求更精致,精神要求更丰富。外部来看,国际环境变化也很大,冷战早已经结束,全球治理也出现了很多问题,这对我们来说都是新的挑战和机遇。过去五年在习近平总书记的带领下,我们也进行了很多探索,根据新的历史条件探索新的解决办法。经过五年的探索,现在大致有了一套比较完整的思想,也就有了习近平新时代中国特色社会主义思想。

观察者网:未来三十年,坚持用新时代中国特色社会主义思想解决中国问题，应该如何运用这一新思想指导实践？

金灿荣：新思想里包括新的奋斗目标。原来我们讲的是，到第二个百年，也就是2049年进入发达国家行列，现在则提出通过两个阶段，最后到2050年建成社会主义现代化强国，这个目标更高一点，而且阶段性划分得更清楚一点。

这其中特别强调党的建设，全面从严治党。政治领导要加强，经济基础要夯实，而且提出了一系列新举措，包括经济政策、社会文化生态、国防外交，还有国家统一等，这些都是围绕着新思想展开的。

观察者网：习近平总书记在报告中提出，"中国特色社会主义拓展了发展中国家走向现代化的途径……为解决人类问题贡献了中国智慧和中国方案"。中国模式对世界发展会带来哪些启示？

金灿荣：社会主义现代化强国，应该是有世界影响的大国。从地缘政治角度，中国建成社会主义现代化强国会影响其他国家；从意识形态角度，这是社会主义实践的新巅峰，从这两方面来看意义都是深远的。

从过去几年的情况来看，中国参与全球治理是一个必然的方向。其一，中国的国家利益走出去了，我们的人、财、物都走出去了，需要去保护。其二，国际形势比以前要乱，全球治理面临赤字，这个时候中国必然要走上全球治理的舞台，这是客观上的。主观上，我们要实现民族复兴，建设社会主义现代化强国，构建中国特色大国外交，这些目标也会让中国在全球治理上变得更积极主动。

习近平总书记在报告中提的要求更高一些,中国不仅仅是参与全球治理、解决全球问题,他还希望对解决人类问题做出贡献,这个贡献有很多,包括解决具体的政治、经济、安全问题,也包括提供模式借鉴。

2015年中国就已经开始在全球治理上发声了,对于很多问题都提出了比较系统的中国方案,现在把这些都放在一个更高的目标和理论框架中,以后中国参与全球治理就成为新时代中国特色社会主义的一部分,便有了理论基础的支撑。

中国外交踏上新征程*

中国共产党第十九次全国代表大会提出,要全面推进中国特色大国外交,形成全方位、多层次、立体化的外交布局,为我国发展营造良好外部条件。党的十八大以来,习近平总书记着眼新的国际形势和中国自身发展需要,明确提出中国特色大国外交的时代命题,要求对外工作要有中国特色、中国风格和中国气派。

中国特色大国外交是中国外交的新起点,具体体现在新定位、新风格、新理念、新战略、新方式、新实践、新全球治理哲学等几个"新"特点上。伴随着这些新特点,中国外交踏上新征程,为解决人类问题贡献中国智慧和中国方案。

一是新定位。中华人民共和国成立以来的很长一段时间,中国的自我定位相对低调,主要由四个要点构成:一是中国在经济上是发展中国家;二是中国在政治上是坚持中国共产党领导的国家;三是中国面临着国家分裂问题,即中国台湾问题;四是中国

---

* 本文刊于《中国社会科学报》2017年12月19日,收入本书时有所修订。

在地缘上是处在东亚地区的地区大国。党的十八大以来，习近平总书记给中国外交一个新定位，即要构建中国特色大国外交。这意味着，中国外交迎来重要转变，中国要开展具有全球影响力的外交。这是党的十八大以来中国砥砺奋进的五年中，开展外交事务、参与国际事务的新起点。

二是新风格。随着中国特色大国外交的新定位，中国的外交风格也较以往发生了一系列转变。具体而言，以往30多年中国的外交风格可以概括为反应式外交，而中国特色大国外交则体现出开拓进取的鲜明风格。在过去五年开展外交新实践的过程中，这种外交新风格表现为在涉及国家重大利益的事件中大胆、坚定地发声，在重大的国际问题上积极提出中国的倡议，其主动性使西方主要国家相形见绌。

三是新理念。具体包括两个层次：最高层次就是提出人类命运共同体理念，以及推动构建合作共赢的新型国际关系，倡导构建全球伙伴关系网络和开放型世界经济；第二个层次相对具体，即提出中美要共建新型大国关系，提出周边外交的亲诚惠容新理念，提出发展中国家要坚持正确的义利观，针对复杂的亚洲安全挑战提出亚洲新安全观等。

四是新构想。具体包括"一带一路"倡议以及构建新的国际金融体系，如推动建立亚洲基础设施投资银行、金砖国家新开发银行、丝路基金、金砖国家应急储备安排等，还有规模小一点的地区合作战略，如澜沧江—湄公河合作、基于上合组织的合作等。

五是新方式。在实践方式层面，中国外交可以总结为"两条腿走路"。一方面，中国在美国领导的现行国际体系内积极发出中国声音，贡献中国方案。具体包括，中国积极参与联合国维和事务以及其他全球事务，积极打击索马里海盗，在世界银行争取更多的投票权，人民币成为国际货币基金组织特别提款权货币。另一方面，中国积极倡导和推动创建新的全球治理机构，包括亚洲基础设施投资银行、金砖国家新开发银行，推动召开亚信会议，进而在安全问题上发出亚洲声音，等等。

六是新实践。在新实践方面，中国特色大国外交成绩斐然。一是积极构建健康稳定的大国关系框架，稳定发展与美国、俄罗斯、欧洲"三强"的关系。二是开创周边睦邻友好合作新局面，稳定与周边的关系。三是推动同发展中国家合作提质升级，构建全球伙伴关系网络，拓展全方位外交布局。面对国际形势的深刻变化，习近平总书记提出推动建立以合作共赢为核心的新型国际关系，对国际关系发展演变产生深远影响。我们践行合作共赢理念，打造对话不对抗、结伴不结盟的全球伙伴关系网络，迄今已同约100个国家和国际组织建立了不同形式的伙伴关系，实现对大国、周边和发展中国家全覆盖。

七是中国版的新全球治理哲学。中国特色大国外交蕴含的全球治理新哲学，可以与以往以美国为首的全球治理哲学在四个层面进行区分。

第一，美国永远以美国及其盟友利益为第一位，作为其全球治理哲学的支柱。中国与此不同，中国在积极参与全球治理过程中永远以联合国为支柱。

第二，美国在参与甚至主导全球事务过程中，主要关注点是安全事务。中国则主要关注发展问题，并为此做了大量努力和积极实践。

第三，中国强调构建全球伙伴网络，强调每个国家身份都是平等的。而美国的全球关系体系则是等级化的，分为八个等级：美国位于最高层；第二等级是英语国家；第三等级是美国的50多个盟友国家，与此同时，美国对其盟友并没有完全信赖，曾出现对其盟友国家领袖的监听丑闻等；第四等级是100多个全球伙伴国家；第五等级是"战略竞争者"，一般就是指中国；第六等级是"战略对手"，具体讲就是普京领导的俄罗斯；第七等级是美国的"敌人"；第八等级是被美国遗忘的世界，超过全球人口10%的贫穷地区成了被美国战略家遗忘的世界。

第四，美国干预别国内政，信奉枪杆子里出民主。中国则奉行不干涉内政原则。

概括言之，中国秉持共商共建共享的全球治理理念，倡导国际关系民主化，坚持国家不分大小、强弱、贫富一律平等，支持联合国发挥积极作用，支持扩大发展中国家在国际事务中的代表性和发言权。中国将继续发挥负责任大国作用，积极参与全球治理体系改革和建设，不断贡献中国智慧和力量。

原来的全球事务与全球治理只有一套西方治理哲学，现在全球治理有了来自中国的新的哲学选择，这对解决全球问题绝对是福音。

习近平总书记在党的十九大报告中指出，中国共产党是为中国人民谋幸福的政党，也是为人类进步事业而奋斗的政党。中国共产党始终把为人类做出新的更大的贡献作为自己的使命。这揭示了中国共产党人的双重历史使命，即为中国人民谋福利，为人类进步做贡献。中国全球治理哲学很好地体现了这个双重使命。

积极进取的中国外交有八个大变化*

回看 2018 年 3 月 5 日的政府工作报告,笔者发现对过去五年工作的总结,主要还是放在民生、经济和社会发展上,对外交提得很少。在政府工作报告中,直接提到外交的内容只有"中国特色大国外交全面推进"这么一段,间接的应该是坚持开放型经济、国防建设稳步推进,以及深化中外人文交流。但总体来看,外交占的比例很小,主要还是谈民生,比如提高个税起征点、降低 30% 流量费,而这也会是以后政府工作报告的特色。

关于中国共产党第十九次全国代表大会以后的中国外交,本文先把结论放在前面,笔者的结论是这样的:

第一,过去五年中国外交有很多变化,按照李克强总理的说法,"中国特色大国外交全面推进。"

第二,党的十九大以后中国外交的具体内容基本上就是把过去五年的变化做实、做细。过去五年外交的变化,是习近平新时

---

* 本文发表于 2018 年 3 月 8 日"观察者网",收入本书时有所修订。

代中国特色社会主义思想的有机组成部分。

第三,党的十九大以后,中国参与国际事务会更加坚定,目标会更加明确。我们的目标就是双构建——构建人类命运共同体,构建合作共赢关系,我们会以更高的姿态参与全球治理。

第四,党的十九大以后我们的议程会稳一点,前面大开大合,比如成立亚洲基础设施投资银行、建设"一带一路",当时是要把主张提出来,所以声势比较大,包括习主席出访、和巴基斯坦签署460亿美元的中巴经济走廊、向印度尼西亚基建投资500亿美元,项目都挺大的。到现在这个阶段,笔者认为可能就不需要再提过多新的东西了,现在应该把已经提的落实。

所以笔者的总判断是,党的十九大以后中国外交会把党的十八大以来的变化延续下去,并参与国际治理,在其中发挥领导作用的决心会更坚决。但是在战术层面、实践层面,中国又会求稳,不会那么急了。

下面本文将梳理过去五年中国外交具体的八个变化。

第一,新的指导思想。

在习近平总书记执政以前,中国的外交思想叫"韬光养晦",美国人将它翻译成"hide one's capacities and bide one's time",即隐蔽力量、等待时机,这个翻译非常不好,相当于卧薪尝胆,但其实日本人才是扎扎实实地卧薪尝胆,所以这个词应该形容日本。笔者认为,邓小平同志的"韬光养晦"是一套比较复杂的策略思想,这里面至少有四方面内容。

(1)对中国这样一个大国来说,内部问题永远是最重要的,内部问题中,经济发展是硬道理。

(2)中国在外交事务上尽量不要被意识形态绑架,要实事求是,从中国自己的国家利益出发。

(3)中国不要主动介入外部矛盾。外部矛盾虽然很多,但是邓小平同志说,外部这些矛盾它的来龙去脉我们根本搞不清楚,也说不清楚,结论就是别参与这些事,别介入。所以可以看到相当长一段时间里,中国外交部发言人对外部问题的发言,说的是希望有关各方保持克制,谈判解决问题,这是符合中国利益的。

(4)中国不找麻烦,麻烦找中国,做人也是这样,但是有时候人要明理。邓小平同志说,就是麻烦找了我们,除非它干扰了我们现代化,干扰了我们的统一,否则我们还是要低调、要容忍。就是麻烦找了我们,我们也要非常有节制地使用力量。

这四方面内容加起来构成了邓小平的"韬光养晦"思想,笔者认为,它在战略上是成功的,为中国 40 年的改革开放赢得了非常好的外部环境,所以我们要永远铭记它的历史功绩。但是"韬光养晦"在战术上显得中国有一点保守,党的十八大以后,中国外交第一个变化就是指导思想变了,现在从"韬光养晦"转向"有所作为"了,中国外交部喜欢用开拓进取,《人民日报》有时候会用奋发有为,总之,指导思想变了。

第二,定位变了。

过去中国的自我定位是处在亚洲东部的地区大国,但是习近平总书记一执政便提出一个目标:构建中国特色大国外交。大家读中国外交史会发现，中国一般不太用"大国外交"这个词，大国外交一般指美国、苏联这种超级大国外交、世界级大国外交。习近平总书记说我们要构建中国特色大国外交，这给中国提出了一个崭新的定位——我们从地区大国变成了全球大国。

第三，新的风格。

过去我们外交的风格可称为反应式外交（reflective diplomacy），等美国人提倡议，我们来反应，现在是中国自己提倡议，而且提的倡议比美国还多、还快。所以有一些美国媒体和战略家就开始抱怨了。中国外交部现在把这样一个新的变化叫作积极进取的外交，当然美国人不习惯，美国人把我们新的外交风格叫作"咄咄逼人"的外交。

第四，新理念。

过去五年间习近平总书记内外提出很多新理念，内政方面更多一些，比如五位一体的发展观、五个发展理念、四个全面、四个看齐、四个自信、八项规定、三严三实、两学一做。但是外交上也不少，笔者将过去五年间习近平总书记提出的外交理念分两个层次，一个层次是面向全球、面向未来的，主要是四个概念。

（1）构建人类命运共同体，现在官方的表述是"a community of shared future for all humankind"，有共同未来的人类共同体；

（2）合作共赢的新型国际关系；

（3）开放型世界经济；

（4）全球伙伴网络，"global partnership network"。

第二个层次是针对具体问题的，比如针对中美关系，习主席提出了"新型大国关系";针对周边国家对我们发展的顾虑,习近平主席要求我们对周边国家态度要亲诚惠容;针对亚非拉这些发展中国家,习主席提出我们要有正确的义利观。什么是正确的义利观?2013年习主席访问非洲时有一个解释,中国企业到非洲赚钱是可以的,但是我们在赚钱的同时也要帮非洲兄弟学会赚钱,提到了"授人以鱼"不如"授人以渔"的比喻,这是希望中国走出一条和西方不一样的援非之路。

其实西方国家在非洲投入也不少,但是投入主要用于救济了。中国去了以后,修路、开矿、供电都是配套的,工业园区可以为很多企业解决就业问题,并且培养现代工人,这样国家就有条件走向现代化。这便是针对穷国家,习主席提出的正确义利观。

针对亚洲的复杂安全形势,习主席在2015年5月20日第四届亚信会议(亚洲安全相互协作与信任会议)上提出我们要有亚洲新安全观,即共同安全、合作安全、综合安全、可持续安全,这和西方不一样。

还有新的海洋观,这是李克强总理2014年出访希腊时提出的,中国要走向海洋,但是我们和西方不一样,我们不是控制海洋,我们是开发海洋,而且是希望跟大家一块开发、共赢。

其他的还有总体国家安全观等,总之有很多很具体的理念,这里不一一叙述了。

第五,新构想。

新构想就是"一带一路"倡议,笔者认为,这是近代中国第一个以我为主塑造外部世界的构想。其实某种意义上来说，中国和世界上其他国家是一样的，弱的时候救亡图存，强大的时候塑造外部世界。近代中国从1839年到1949年，这110年基调就是救亡图存。中华人民共和国成立以后，很长时间也是自保，所以当时主要提出不干涉内政，我保证不干涉你，你也不干涉我。但是"一带一路"倡议是一个转折点，是一个非常新的构想。

这个构想的第一动机还是经济，"一带一路"建设能够有效地推进国际产能合作。现在中国的太阳能、风能、核能投资都占世界一半以上，所有煤电使用率不到60%，这就是现实的情况。并且还有一个问题，"十二五"时投了很多钱，还有很多电站在上马，中国现在发电量已经是美国的3倍了，还有新的电站在建设，所以结论是什么？是"十三五"之后整个中国可能不会有大型电站建设了。

下面问题来了，中国专门从事电站建设的工程队有将近200万人。他们可是人类最好的员工，但是他们要是没有工作了，是人才浪费。而国际社会是需要电的，比如离我们不远的菲律宾，它的电价是中国的3.5倍；巴西也是缺电的，2016年巴西奥运会就是国家电网的山东分公司给巴西保障的电力，巴西人自己保障可能开幕式到一半就没有电了，这是他们自己说的。这是一个案例，其他比如电解铝、钢铁、水泥，我们几十年发展下来，现在到了产能"走出去"的时候了。

第六，新的外交方式。

笔者认为过去五年中国的外交是双轨制，一方面，中国在现行的国际体系内积极参与，例如联合国、世界贸易组织、世界银行、国际货币基金组织，中国现在的参与都比较多。我们认缴的会费增加了，人员也增加了，因此我们在里面的投票权也增加了。比如国际货币基金组织的特别提款权（SDR），现在人民币也是其中一个基础货币，占的份额比英镑、日元略高一点。

另一方面，中国在美国体系之外推动自己的体系，最引人注目的就是成立了亚洲基础设施投资银行（AIIB），还成立了金砖国家开发银行、金砖国家应急储备基金、丝路基金，等等。另外还有亚洲相互协作与信任措施会议（CICA），现在也将其机制化了，这些都是中国近些年在美国体系外推动的。

这些都是过去五年的做法，美国对此是很震撼的。美国觉得自己是村里的首富，当铺、银行都是他家的，而中国却成立银行、互助会，还成功了，因此震撼很大。

第七，新实践。

笔者认为，过去三十多年，中国外交基本上是很稳定的四部分，即大国外交、周边外交、发展中国家外交、多边国际组织外交。自党的十八大以来，原先的四个部分没有变，但增加了四点新的内容。

一是"一带一路"倡议。"一带一路"倡议是中国外交长期稳定的规划。

二是保护中国海外利益。现在中国的人财物都走出去了。截至2017年6月30日，中国政府拥有的海外金融资产超过7万亿美元，再加上公司，比如华为，其2/3的市场在海外，因此它的投资也在海外；而且在外中国人也很多，大概有接近一千万人长期待在外面，中国是世界上最大的留学生来源国，大概有 300 万学生在外求学，大部分都是独生子女；还有工人，中国在各地承包工程的工人接近 500 万；再就是个体户、私人，例如迪拜一个城市现在就有 27 万中国人，它的龙城商场雇用了 6 万中国人，相当于一个小镇。还有出境旅游。2017 年中国出境旅游总人数突破 1.3 亿人次，差不多是美国的 2 倍，美国一年出境游是 7000 万人次，但很多出境游就是墨西哥人回家，所以其实中美差不多，而且以后中国出境游人数还得往上涨，这是基本现实。过去我们在海外利益不多，现在真是很多了，所以保护海外利益成了中国外交新实践的一个重要内容，而且估计会越来越重要。

三是讲好中国故事，提升软力量。

四是积极参与全球治理。

这就是中国外交的第七个变化，即新实践，主要包括"一带一路"倡议、海外利益、软力量、全球治理。

第八，中国全球治理的哲学。

中国参与全球治理是很晚的，全球治理经验最优秀的是欧洲。欧洲三百年前向外殖民就是全球治理，用很残酷的方法把别人国家占领了，那便是全球治理，但是是很不道德的全球治理。美国 1945 年开始全球治理，现在已经 70 多年。而中国开始参与全球治理的时间，笔者认为是 2015 年，习总书记组织第 27 次政治局学习，请外交学院的教授到政治局讲全球治理，还有习主席本人在 2015 年 9 月 26 日联合国大会上比较系统地阐述中国的全球治理观，这是中国全球治理的起点——开始学习理论，提出自己的方案。之后就比较具体了，2016 年杭州二十国集团（G20）峰会，中国针对各种问题提了很多方案。所以大概中国参与全球治理是从 2015 年开始，到现在仅几年，就全球治理的经验而言，我们还是比较缺乏的。

但中国是一个非常优秀的国家，一旦进入全球治理就会带来中国的特色，笔者归纳了一下中国的全球治理方案跟美国有四个不同。

一是永远把联合国放在里面。美国是永远将它和它的盟友体系放在第一，从道义上讲中国好一些。

二是美国所有全球治理方案都是把安全问题放在第一，中国把发展放在第一。笔者自己的体会是这样，过去十年在美国开会总是谈安全问题，在中国开会一定是谈发展问题，安全就是花钱，而发展就是赚钱，所以局势对我们是有利的。

三是中国的全球治理方案中，所有国际社会成员身份是相同的，国家可以大小不同、利益不同、责任不同，但法律身份是一样的，都是伙伴。现在美国治下的和平是有等级的，美国在最高的第一层级；第二层级是英语国家，具体是英国、新西兰、澳大利亚、加拿大，他们更能得到美国的信任；第三个层级是美国的联盟，有 50 多个国家，但是这些国家得不到美国的完全信任，所以当爱德华·斯诺登揭露了美国国家安全局一直监控默克尔总理和安倍首相，默克尔非常生气，给美国时任总统奥巴马打电话，奥巴马是这么回答的："对不起默克尔女士，我保证从今天开始不监控你了",这等于承认以前都是监控的;第四个层级是伙伴,绝大多数国家比如泰国、越南、巴西都在其中;第五个层级就是中国,叫战略竞争者;第六个层级叫对手,就是俄罗斯,俄罗斯希望成为美国第四个层级的伙伴,但是美国回答说你就是对手;第七个层级是敌人,这其中涉及的就多了,像朝鲜、伊朗、叙利亚阿萨德政权、索马里海盗、"伊斯兰国"(ISIS)都在其中,而之前伊拉克、利比亚、阿富汗也在其中;第八个层级最惨,比如海地,这是世界上最可怜的一群人,他们一点希望都没有,饿着肚子睡觉。这便是当今世界比较残酷的一面,中国在这方面做得比美国好一些。

四是中国依然不干涉内政,但美国要干涉内政。

关于党的十八大以后中国外交的变化,笔者的理解是以下八个方面:新的指导思想、新的世界大国身份、新的风格、新的理念、新的构想、新的方式、新的实践和新的全球治理哲学。这些变化笔者认为在党的十九大以后都会很认真、很坚定地继续做下去,但节奏会慢一点,求稳。

和平发展道路的关键任务及"一带一路"倡议在其中的角色[*]

在 2018 年 6 月 22 日至 23 日召开的中央外事工作会议上,习近平总书记做出一系列重要指示,要求外事工作者努力开创中国特色大国外交新局面。在中美贸易摩擦加剧、贸易保护主义抬头、"一带一路"沿线国家频繁发生政局变化的背景下,中国已经成为推动国际和平稳定、倡导相互尊重、合作共赢的关键力量。习近平总书记的讲话突出了互利共赢、和平发展的外交原则,为中国应对国际变局提供了重要的指导纲领。

笔者认为,习近平总书记反复强调了四点重要精神:第一,中国对外工作要坚持以新时代中国特色社会主义外交思想为指导;第二,外交工作应紧密结合内政,为民族复兴、建设社会主义现代化强国服务;第三,外交工作以和平共处、互利共赢、打造人类命运共同体为原则;第四,中国在外交中应积极主动,参

---

[*] 本文刊于《当代世界》2018 年第 10 期。

与引领国际机构改革。基于以上总结，中国当前的和平发展道路蕴含了四项任务：创造机遇、承担责任、提出倡议、反对霸权。在欧美各国内部右翼势力抬头、中美竞争因素加强的情况下，大环境要求中国主动倡导多边外交，维护全球化与国际贸易体系，积极应对美国对华进行经济、军事、战略围堵的企图。与此同时，中国倡导和平发展道路也是对美国滥用单边霸权的反思。中国积极推进国际体系改革，参与和推动全球治理，一方面是为了给国内经济发展创造更好的环境、维护海外利益；另一方面也是为了让国际体系更加公正合理，为发展中国家争取更多话语权。基于"互利共赢、和平共处"的外交原则，中国提出"一带一路"倡议，也是中国在外交中需要加以落实的长期规划。

一 和平发展道路的四个关键任务

和平发展是中国外交和国内发展的需要。改革开放初期，邓小平同志等老一辈领导人提出了一系列旨在为经济改革创造长期、和平外部环境的外交原则，这些原则包括去意识形态化、保证经济发展、多边自主外交，以及积极融入现有国际体系等，时至今日仍在指导中国外交的实践。改革开放以来，中国实行不结盟政策，积极争取加入世界贸易组织（WTO）等国际机构，并在此基础上推动国际规则改革。随着中国经济持续高速发展，尤其是在加入世界贸易组织、企业"走出去"和平稳渡过世界经济危机后，中国的经济与综合国力不断上升。与此同时，随着全球化进一步深化，国际社会对全球治理的需求随之上升，国际社会中部分声音要求中国承担更多责任，而中国也需要维护自己在全球治理和海外活动中的利益。习近平总书记提出要构建"中国特色大国外交"，对中国的定位已经从区域大国转变为全球大国，从国际事件的因变量转变为自变量。基于这些新变化，笔者认为新时期中国的和平发展道路应包括四项任务。

第一，中国应主动创造发展机遇。在改革开放之初，中国的经济体量相对有限，人均财富水平较低，因此通过对内经济改革、对外自由贸易的做法可以快速发展经济和积累财富。然而随着经济继续发展，中国在现有的国际金融秩序和经济结构中面临几个问题。一是中国在世界经济金融秩序中缺乏话语权的问题日益突出，对国际金融秩序改革的需求随之上升。而在主要国际金融机构中，如国际货币基金组织（IMF），发达国家占据主导话语权，尤其是美国拥有对该组织重大议题的否决权，美国国会也屡屡阻挠 IMF 改革和各国份额的调整，使得国际金融机构既无法通过扩大规模来适应国际社会日益增长的贷款需求，也无法代表中国等新兴市场经济体和发展中国家的利益。二是当前民粹主义盛行，不少国家开始推行贸易保护主义政策，在招商引资政策上反复无常，诸如此类的民粹政治也威胁到中国在海外的投资安全。国际经济形势已非 20 世纪 80 年代的自由市场，"独善其身"、专注于内部改革的发展策略已经不能适应当前错综复杂的国际经济环境，也无法保证中国的国际贸易与投资利益。三是随着中国经济发展，国内部分行业市场趋向饱和，其中不乏煤电、水电、光伏等技术先进、具备国际竞争力的产业。帮助企业"走出去"，使之更好地适应国际市场，已经成为保证中国经济持续发展的重要环节。四是自20世纪80年代西方开始推行新自由主义，在经历了冷战结束、苏联解体和东欧剧变、包括中国在内的许多发展中国家陆续开放市场后，世界各经济体已经高度联结、相互影响，中国代表南方国家推进国际体系改革、加强南南贸易和金融合作，这也是为中国产品开拓未来市场的双赢行为。综上所述，中国需要主动在国际上推动双边、多边经济合作，创造发展机遇。

第二，中国应承担更多责任。改革开放以来，中国外交始终抱着主动融入国际体系的目的，积极推进多边外交。随着中国经济实力日益上升，在享有相关利益的同时中国也需要担负起更多责任。首先，国际组织的成员身份本身就是权利与义务相结合，中国在加入WTO等国际组织并享受成员利益的同时也面对着国际组织和国际法的制度要求。随着中国经济不断发展，中国在WTO、IMF等组织中争取更大话语权，也更多地通过国际制度维护自身利益，这就要求中国自身需要遵守相应国际规则。其次，中国在海外投资和贸易活动与日俱增的同时，也暴露出一些交流不足的问题。许多项目的投资、施工、运营方缺少与当地社会的沟通，甚至在当地引发群体性事件，危及资金安全的同时也影响了中国与投资所在国的双边关系。作为国际金融中新兴的海外投资大国，中国有责任推动自身与其他国家的经济社会交流，减少中国投资者与当地社会的摩擦，倾听弱势群体诉求，践行互利共赢的外交原则。再次，外界呼吁中国在更多领域承担责任。随着全球化发展和技术进步，世界各地涌现出需要全球共同解决的新问题，如气候变化、环境保护、信息安全等，国际社会要求中国参与对这些问题的治理。过去将近40年的粗放式发展使得中国在部分问题（如碳排放）上尤其面临国际压力。中国固然应坚持以我为主的外交立场，但也应以此为契机进行有利于经济可持续发展的改革，以积极的姿态树立负责任大国的国际形象。最后，积极融入国际组织也是争夺话语权的重要组成部分。只有主动承担责任，中国才能在重要议题上占据主动，引导议题发展。在美国特朗普政府推行孤立主义政策、退出气候变化《巴黎协定》等国际机制后，中国坚持参与国际治理有助于占据道德高地，争取国际社会反对欧美日益盛行的右翼民粹主义。

第三，中国应主动提出合作倡议。20世纪80年代以来，国际社会在新自由主义意识形态引导下逐步推进全球化，并在国际社会存在一定发展共识。这种共识与美国的经济主导权、冷战结束后美国的全面霸权有关：美国通过"广场协议"等打击了其他西方国家的国际竞争力；以波兰为代表的社会主义阵营国家脱离苏联体系，推行经济改革，融入西方经济体系；东南亚国家探索的经济合作模式在亚洲金融危机后遭遇挫折，而IMF通过贷款附加条件干预其国家发展；20世纪90年代的信息技术革命也使得美国在冷战后的一段时间里维持了竞争力。在这种情况下，国际社会的"行为准则"虽不完全符合发展中国家的利益，但至少是提倡国际合作的。与此同时，包括中国在内的发展中国家经济水平、技术水平较低,与发达国家之间的互补性大于竞争性,以南北自由贸易和南方国家招商引资为核心的政策能够达到经济学上的双赢效果。近年来,这种发展共识遭到质疑甚至分崩离析,这种现象在特朗普当选美国总统后格外明晰,但其根源则是近40年新自由主义全球化所带来的问题。全球贸易在各国国内造成"赢家"与"输家"集团的财富差异,从而引发了反全球化的民粹主义浪潮;同时,欧美国家由于自身经济实力相对下降,有推动贸易保护等反全球化政策的动机。在这种情况下,中国要推动国际经济合作,就必须主动提出合作倡议。

第四,中国应贯彻平等互利原则,提出与美国"单极霸权"格局不同的世界发展蓝图。美国从20世纪80年代开始推广的新自由主义全球化从几个方面表现出"单极霸权"的特点。其一,美国的经济战略以美国的绝对安全为核心。其二,美国经济在很长时间内一家独大。世界经济体系带来了各国财富共同增长,但由于财富增长速度不一,金融行业和高端服务业的财富积累远远快于大多数产业,导致国际社会、各国内部均出现了经济不平衡的问题。同时,由于布局较早,以美国为首的西方国家掌握着大量国际资源的开发权,这也加大了发展中国家经济发展、产业转型的难度。其三,为全球发展提供援助的重要金融机构,都被以美国为首的发达国家占据话语权,这又带来两个严重后果:一是国际发展机构使用贷款、援助附加条件干预发展中国家经济政策,这种现象在亚洲金融危机后IMF对东南亚国家的援助中表现得尤其明显；二是由于部分国家希望占据主导地位，阻挠新兴市场国家呼吁的机构改革，导致现有金融机构难以适应发展中国家对投资和援助的需求。其四，美国企图通过"另起炉灶"的方式提高市场准入标准，制定对自己有利的规则，绕开 WTO 等国际体系。这些因素与美国的话语霸权、技术霸权、单极军事霸权相结合，构成了美国唯一超级大国的霸权地位。美国在全球化时代积累的技术、军事和话语权优势则是今天美国敢于与世界各国打贸易战的基础。中国提倡的和平发展外交，是一条尊重他国内政、提倡国际协商、重视经济发展的道路。只有将全球化的红利带给南方（发展中）国家，中国才能切实做到互利共赢，改变单极霸权的国际格局。

二 "一带一路"倡议对和平发展的重要性

"一带一路"是习近平主席提出的重要倡议，也是 1840 年以来中国首次以我为主、主动塑造外部环境的谋篇布局。它集中体现了习近平总书记提出的理念，包括人类命运共同体、合作共赢的新型国际关系、"开放多元的发展伙伴网络"等。"一带一路"倡议对内解决供求关系不平衡问题，协调区域发展不平衡，对外则回应美国对中国的围堵，并积极推动南南合作。"一带一路"倡议经常被国外专家与美国在第二次世界大战之后的马歇尔计划进行对比，同时被视作中国对美国"亚太再平衡"等战略的反制。事实上"一带一路"倡议与马歇尔计划不同，它是中国提出的合作倡议，而非针对特定国家与阵营进行布局。在推进"一带一路"的同时，中国需要坚持经济发展优先、平等互利、尊重主权，为自己创造经济发展机遇的同时也要提出不同于美国的国际发展模式。

"一带一路"倡议的提出主要有四方面的原因。首先，中国的供求关系不平衡问题在2013年前后变得尤其突出，特别是在基建类、能源类工程建设等已经拥有比较先进技术的领域。以煤电行业为例，2013—2014年中国煤炭需求已经达到最高峰，2015年上半年一度出现煤电用电增长0.5%左右的需求停滞期（相比之下，通常7%的经济增长率对应4%—5%的用电增长）。此外，中国的能源技术较为先进，对用电缺口较大又有富含煤炭资源的国家如印度尼西亚、巴基斯坦等存在较大的吸引力，促使中国能源企业前往这些国家投资。其次，中国在2013年前后面临美国在亚太区域的围堵，美国奥巴马政府力推"跨太平洋伙伴关系协议"（TPP），企图在WTO之外建立一套维护跨国公司利益、提高市场准入标准的贸易体系，将中国与其他新兴市场国家排除在外，并借此在WTO内部向发展中国家要价。与此同时，美国及其盟友频频在东海、南海等热点地区与中国发生摩擦，政治领域纠纷也影响了中国与相关国家如日本、菲律宾等的经济关系。在这种情况下，中国发展"一带一路"，既以经济合作为契机缓解了与周边国家的摩擦，又避免了与美国在亚太地区直接冲突。再次，随着经济发展和城市化推进，中国内部发展不平衡问题日渐突出，沿海地区与中西部地区的经济差异加剧，中西部的人才也流向沿海地区；"一带一路"倡议突出了中西部城市的作用，不少城市将成为联结中亚国家与中国的物流枢纽，迎来新的发展机会。最后，中国先前的外交策略是以融入现有国际组织为重点，加强对WTO、IMF等组织的参与。五年来，中国的外交策略开始转向双轨制，在参加国际组织的同时也主动创建金砖银行、金砖应急储备安排、丝路基金等美国体系之外的新制度。"一带一路"倡议的具体措施，如亚洲基础设施投资银行（AIIB），将为中国参与国际治理积累宝贵经验。

综上所述，"一带一路"倡议的形成既是内外因共同作用的结果，同时也与国际社会对经济合作的需求密不可分。首先，随着发展中国家经济水平的提高，各国对能源、运输等大型基础设施投资的需求随之上升，而这些投资的回报周期较长，往往需要开发银行、金融机构的支持。发展中国家间虽然也建立了多个南南金融机构，但这些机构的规模总体较小，无法适应快速增长的投资需求。其次，由于世界银行和亚洲开发银行采用复杂的审核机制和严格的附加条件，以及发展中国家相对脆弱的政治、经济环境，大多数项目都难以获得支持。发展中国家在金融机构中普遍缺乏话语权。虽然近年来中国逐渐扩大了在IMF等国际金融机构中的话语权，但广大发展中国家仍然难以在与这些机构的谈判中取得平等地位。再次，以美国为首的西方国家企图在WTO规则之外另立规则。"跨太平洋伙伴关系协定"（TPP）等美国提出的新贸易体系提高环保、劳工等准入标准，延长知识产权保护期，甚至限制投资所在国管理跨国公司的权利，这些都是不利于发展中国家的条款。最后，发展中国家在全球治理问题上，如应对气候变化，拥有相似立场。因此"一带一路"倡议对中国和其他参与国家都是有利的。

在"一带一路"倡议的落实过程中，要推动构建"人类命运共同体"，外事工作者应该意识到以下几点。首先，应该认识到全球经济仍然高度联结，广大发展中国家，包括"一带一路"沿线国家还有广大发展机遇。其次，应该认识到中国的"一带一路"倡议与美国、日本等国的全球经济政策必然存在竞争，发展中国家也很可能采取两面下注的方法，令投资国相互竞争，这是符合当事国利益的理性选择，中国企业应防范政治风险，将合作制度化、规范化。再次，应该将平等互利、基于自愿原则的开放式发展模式贯彻到具体实践中，向"一带一路"沿线国家以及其他国家彰显中国的和平发展道路。美国第二次世界大战后的马歇尔计划具有强烈的政治色彩，其目的是防止欧洲各国国内左翼政党在经济萧条的战后社会夺取政权；其经济合作则主要针对美国盟友，例如西班牙一开始被排除在该计划之外，直到1951年被美接纳为盟国后才开始获得援助。美国在亚太地区的重要盟友日本，也是在抗美援朝战争期间作为美军亚太后勤基地，才开始在美国帮助下高速恢复发展。美国主导的经济体系与政治明显挂钩，其根本目的是维护美国自身的安全。相比之下，"一带一路"倡议并没有明确边界，也不预设意识形态上的敌人，体现了习近平总书记"促进人类进步"的外事工作主线。平等协商、不干涉内政原则、尊重国际规则、不搞以意识形态为基础的国际联盟，这些都是中国在倡议中应该重点突出的内容。在新组织的建立、新改革的推进中，中国尤其应尊重协商原则，不搞一家独大，确保程序公正透明。例如，在亚洲基础设施投资银行建立的过程中，中国放弃否决权，也大量采用世界银行、亚洲开发银行的通行标准，通过这些让步最终争取到欧洲国家对该行的支持。此类让步将吸引其他国家的广泛参与，而随着新国际机构的影响力扩大，中国将长期从中获益。

当然也应看到，"一带一路"倡议的具体落实也面临经济和政治风险，其间可能会出现反复。首先，以中国为战略对手的国家可能提出与该倡议竞争的方案，中国在发展与地区国家关系时也可能引起区域强国的警惕。其次，"一带一路"沿线国家经济发展水平普遍较低，政治不稳定，国家财富和政府治理能力均难以长期稳定地支持基础设施建设，内部问题也相对严重。再次，沿线国家之间可能存在宗教、安全、经济文化等多方面争端，中国与一些国家展开合作，可能同时会触怒其他国家，随着参与"一带一路"建设的国家日益增加，这方面的问题也会越发突出。最后，虽然中国为了吸引新成员而做出让步，但也可能造成众口难调的局面，造成具体政策难以落实，甚至部分成员国蓄意破坏新机构的情况。"一带一路"建设是一项全球范围内的长期工程，不能一蹴而就；但只要朝着正确方向努力，中国便能够逐渐打造有利于国内经济发展和共同繁荣的经济环境。

三 结语

综上所述,中国的外交工作需要创造机遇,履行责任,提出有益于人类共同发展的倡议。这种倡议应当与美国的单极霸权相区别,以经济发展为核心内容,尊重规则,不干涉他国内政,不以自身安全利益区分敌人和盟友。当前的国际经济体系以美国为主导,各国间利益分配不均衡,发展中国家缺少制定规则的话语权,"一带一路"倡议将是提出新发展道路、推进国际经济金融改革的新机会。中国应继续贯彻互利共赢、和平发展的理念,坚持以经济建设为中心,走出一条具有中国特色的和平发展道路。

新时代的中国外交：
新定位与新调整[*]

构建人类命运共同体、合作共赢、"一带一路"倡议等都是近年来中国在国际场合提到最频繁的外交词汇，而且都富有鲜明的中国特色。党的十八大以来，中国特色大国外交稳步拓展。随着国家身份定位的改变，中国外交内容发生了诸多改变，具体包括国家定位、指导思想、外交风格、外交理念、国际战略、外交方式、实践内容以及全球治理哲学的继承与发展。这八个方面也是习近平新时代中国特色社会主义思想的有机组成部分。从党的十八大以来中国外交的新变化可以看出，中国崛起的新路径突破了以往零和博弈的理念与霸权思维的惯性，其目标是"双构建"，即构建人类命运共同体，构建合作共赢关系，以更高的姿态参与国际全球治理。

---

[*] 本文作者为金灿荣、王赫奕，刊于《国际观察》2019年第4期，收入本书时有所修订。

一 党的十八大以来中国外交内部向度的新变化

外交活动是由内而外的动态实践过程，外交主体意识形态的变化引起外交活动的变化。内部向度的变化针对中国外交自身观念与定位的改变，主要包括国家定位、指导思想、外交风格与外交理念四个方面。

（一）新的国际定位：由区域大国到全球大国

在定位国际角色时，国家通常会合理地对自己在国际体系中的地位进行判断，国家在认同自己的国际社会地位中具有主动性，主要表现为在国际社会中塑造有能力且希望扮演的角色与身份。国家外交理念的建立受到国际角色定位的直接影响。只有在准确、合理地对国家角色进行定位之后，才能够有针对性地制定以及调整国家的外交策略。以往中国通常会将自身定位为区域大国，但自改革开放40年来，中国从国际舞台的边缘角色逐渐转变为重要的深度参与者，中国从来没有像今天这样接近世界舞台的中央。

全球大国角色定位的确立及认同需要循序渐进。进入21世纪，中国经济持续高速发展。2010年，中国经济总量超过日本，成为世界第二经济大国；2013年，中国超过美国，成为世界第一货物贸易大国。中国经济对世界经济的影响能力显著增强。

2011年，中国超越美国成为全球最多国家的最大贸易伙伴；2014年中国首次成为资本净输出国，成为世界第三大对外投资国；2011—2014年对世界经济增长的贡献率超过1/4。中国的全球实力不断提高，同主要大国的实力差距大幅减少。与此同时，国际权力格局的结构性变化，为中国重新定位自己提供了良好契机。多数发展中国家由于多方面的强大压力，在经济全球化发展道路上处于不利地位。中国作为最强大的发展中国家，其国际影响力不言而喻，所以大多数发展中国家在维护自身合法权益时，都希望中国能够在国际事务中为更多的发展中国家发声，引导国际政治经济的结构性变化，使其更加具有合理性和公正性。

在实行改革开放之前，在时代主题为战争与革命的大背景之下，在美苏两国争霸的过程之中，中国所承担的国际责任仅仅是作为社会主义国家的代表，对亚非拉开展一系列的援助活动，以及反对帝国主义以及殖民主义，等等。改革开放后的20年间，中国对于国际社会的主要思想是专注于国内经济发展，将重心放在经济的恢复与建设上，注重国内发展效率。在进入21世纪之后，中国更加有能力在国际领域之中解决问题，周边国家以及国际社会开始逐渐认可中国对地区以及国际事务的贡献水平，中国在国际社会中的作用和责任因此得到大幅度扩大，在国际事务的各个方面都起到了重要的领导以及规范作用，凸显了中国的国际责任意识。

在中国的综合实力随着改革开放的不断发展得到大力增强的同时，发展中国家以及新兴国家也受到国际格局结构性变动的直接影响，国际地位日益提升。习近平主席提出构建中国特色大国外交，一方面体现了中国外交不同于其他世界大国的特点；另一方面也给中国提出了一个崭新的定位，即中国从地区大国转变为全球大国。

（二）新的指导思想：从"韬光养晦"到奋发有为

邓小平同志所提出的"韬光养晦、有所作为"战略方针成为中国一段时间内外交的实践原则，在充分结合中国当时的经济以及军事实力之后，展现出相当的外交姿态。"韬光养晦、有所作为"战略方针为中国改革开放赢得了非常好的外部环境，作为一套复杂的策略思想，它具有丰富的理论内涵。

首先，它坚持"发展就是硬道理"。《2015年国务院政府工作报告》指出："我国是世界上最大的发展中国家，仍处于并将长期处于社会主义初级阶段，发展是硬道理，是解决一切问题的基础和关键。"多数学者也认同，虽然中国的现代化建设成绩十分瞩目，但是在经济发展、产业结构上出现了不合理的问题，城乡以及区域之间的差异水平逐渐提升，各种压力日益增加，体现在能源、环境以及资源等领域，需要深入完善与改进中国特色的社会主义经济体制。政治民主化以及建设法治化也同样需要得到大力发展，社会转型期间，社会上涌现出多种受到激化的社会矛盾，社会道德失范的行为增多，"不和谐"剧情也时常上演。这一时期，中国需要努力克服这些内在矛盾，选择和平发展的道路，打造健康的发展模式。

其次，它反对外交上以意识形态划线，坚持将国家利益作为根本出发点。维护国家利益的过程中存在高度的主观性，国家领导人只有在对时代特征充分合理判断之后，才能够客观公正地分析出国家利益所面临的危机，同时按照轻重缓急，正确处理好存在的问题。邓小平同志充分认识到了和平发展的时代潮流在冷战结束后由于受到全球化的影响而得到加强，因而坚持"韬光养晦"的发展模式。在这个时期，中国是落后的发展中国家，面临亟需发展经济和实现现代化的任务，在外交领域需要"韬光养晦"。

最后，它要求不主动介入矛盾，不自找麻烦。国际舆论认为中国在联合国的政策和资金等方面的投入与其他几个重要国家相比要少很多。"中国常常在一些涉及他国的重要问题上表现出事不关己的样子，其保持缄默程度和低姿态与实际的国力情况相比实在让人吃惊和费解。"如此观点虽然片面，但也间接说明中国在国际事务活动中若即若离的姿态略显被动。

"韬光养晦"在中国综合实力快速增加的过程中逐渐无法充分满足当前的外交需求。其他国家开始怀疑中国"低姿态"外交战略背后所蕴含的意图，认为中国只是想搭上利益的"便车"，逃避自己应当承担的国际责任。"韬光养晦"的核心是营造中国和平发展的环境，将服务经济的发展目标逐渐转移为服务民族复兴的发展目标，给中国外交政策提供新的能量。中国在适应国际环境变化时由于"韬光养晦"政策而处于被动状态，所以新时代中国的奋发有为战略更加强调主动性，为中国和平崛起营造出更加和谐的外部环境。习近平总书记提出"为我国改革发展、稳定争取良好外部条件,维护国家主权、安全、发展利益"。相比于为经济发展营造和平的外部环境来说,为民族复兴塑造良好的国际环境显然更难。妥协虽然能够有效地避免冲突,但是并不一定能够获取有利的复兴环境,中国应该更加主动地适应外部形势发展状况。在重新判断中国国际地位之后,新时代中国外交展现出"奋发有为"的新基调。以前考虑到"他强我弱"的因素而选择坚持"韬光养晦",从而低调地实现自我发展。当今的中国在国际环境中已经远不是从前的地位,因此外交工作主基调也要随着中国自身以及国际环境的不断变化而进行科学有效的调整,在处理国际问题时,应抱有积极的姿态。在解决涉及利益问题时,奋发有为、坚持底线。近几年针对南海以及东海问题,中国坚持底线思维,同时采用具有"后发制人"思维的战略措施,有效维护了中国主权利益,同时稳定了地区局势。

(三) 新的外交风格:从反应式外交到积极进取型外交

从反应式外交开始向积极进取型外交转型,这也是大国成长的重要表现。反应式外交通常指,当出现突发状况后才做出后发被动的回应,缺乏主动性的措施和长远计划。

在总体实力不强的前提下,中国外交主要遵循"韬光养晦"的战略思想,以反应式外交为主。多数时候在面对国际动议以及行动时,中国只是采取回应政策。这与中国共产党对中国国力的现实状况及发展趋势、中国与世界关系走向的基本判断直接相关。党的十八大之后，中国认为自己的外交姿态在中国综合国力以及世界战略力量对比态势发生改变时需要进行有效的调整，强调外交政策要有鲜明的中国特色、中国风格和中国气派，更加具有开拓的事业心以及自信的姿态，使中国声音和中国智慧在国际事务中得到充分体现。在党的十八大之后，中国外交政策一方面注重政策与实践的连续性，另一方面提倡并重视自主谋划以及努力进取。中国在大力强化对外安全领域的统筹协调力度后，在国际场合中提出了多种新的提议。同时，在维护国家核心利益方面，中国开始摆出较为强硬的姿态，大力增强海洋权益的维护力度。

回顾党的十八大之后的外交政策可发现，中国主动进取的风格十分明显：第一，捍卫核心利益是新时代中国外交政策的第一前提，保障和平与发展是我国外交的主要目标；第二，将当前外交基准定位于发展稳定的中美关系，以构建中美"新型大国关系"的方式，保障国际格局结构化调整进程中所必需的战略均衡；第三，加大建设"全球伙伴关系网络"的力度，使中国的和平发展与世界统一步伐；第四，在紧抓经济一体化发展潮流主旋律的基础上，提出并制定以促进共同发展为主基调的外交战略；第五，讲究原则、谋求公平、注重道义，在原则问题上坚持底线，不因为一己私利伤害到其他群体；第六，坚持和平协商是化解矛盾的根本立场，与此同时加快国家综合实力发展速度，充分有效地保障中国自身利益，保证中国捍卫和平能力得到大幅度提升。

中国正在努力对自己在国际体系中的角色进行有效调整。在国际规则游戏中，中国已经从以前的"学习者"逐渐发展成为"倡导者"和"制定者"。在长期学习国际规则的基础之上，中国成功地融入国际社会，愈加关注自身在世界范围内的话语权问题。

（四）新的外交理念：规划与实践

习近平主席提出的外交理念分为两个层次。第一个层次是面向全球、面向未来的规划和构想，主要包括构建以相互尊重、平等互利和合作共赢为主要内容的新型国际关系、推动构建人类命运共同体、推动建设开放型世界经济关系以及构建全球伙伴网络。这四个理念在具体内容上相互支撑、相互交叠，在核心含义上互为补充。

合作共赢的对立面是零和博弈。零和博弈的思想常常会出现在传统的国际关系之中，它主张通过遏制、威慑等手段实现国家安全，零和游戏为国家之间斗争的常态，竞争具有讨价还价的特征。对于参与博弈的各方，一方的收益意味着另一方的损失，博弈各方的收益和损失相加总和永远为"零"。传统国际关系由于受到零和思维的影响，常常演变为大国之间的对弈，各大国都在追求霸权。新型国家关系更加注重"正和博弈"思想，希望博弈各国通过一系列和平的渠道保障安全，不以牺牲第三方利益为前提，从而达成互利共赢的目标。一个国家要谋求自身发展，必须允许别人发展；要谋求自身安全，必须给予别人安全；要谋求自己过得好，必须帮助别人过得好。这表明共同发展、共同安全和共同治理是构建新型国际关系的重点所在。而人类命运共同体就以合作共赢为起点，希望各个国家之间平等互利、彼此尊重。习近平主席指出，国际关系之中的首要准则是保证各国之间主权平等，要坚持国家不分大小、强弱、贫富一律平等，尊重各国人民自主选择发展道路的权利，反对干涉别国内政，维护国际公平正义。所有国家都是国际大家庭中的一分子，都有资格参与国际事务并且分享发展成果。在人类命运共同体之中，每个国家都是平等的，都应该对彼此的社会制度以及发展道路予以基本的尊重。

近年来，由于美国推行贸易保护主义政策，经济全球化的发展进程受阻，对于该问题，开放型世界经济关系理念与全球伙伴网络的提出能够对克服当前存在的问题提出新路径，推动全球化进入更高的发展层面。当前世界经济的基本特征之一就是全球化，但是经济增长期由于增长动力的缺失而长期处于徘徊阶段。虽然经济全球化发展不断趋向繁荣，但分配不公以及贫富差距现象更加严重。虽然发达国家仍然是经济全球化的主导者，然而其他市场主体的作用以及地位已经开始得到明显增强。实际上，开放型世界经济关系与中国共产党的最高理想能够实现有效统一。此外，中华传统文化精髓能够通过"开放型世界经济"得到一定的继承以及弘扬。通过深刻分析当前世界宏观经济形势，中国提出了"开放型世界经济"的新兴理念。党的十九大指出，中国力求通过"开放型世界经济"充分维护相关外交原则，在对全球共同治理问题进行解决的过程之中，努力发挥中国作用，并力争在新时期的全球社会中扮演和平的建设者与秩序的保护者角色。在全球伙伴关系的理念中，核心思想就是"结伴不结盟"。针对"结伴不结盟"的伙伴关系战略，中国在制定以及实施的过程中提出了不会针对第三方的重要主张；在与世界各国开展合作项目时，更加注重合作的友好型。

第二个层面是以基本原则为基础路径，以解决具体问题为目的，具有很强的针对性与实践性。一是构建中美新型大国关系。习近平主席与美国时任总统奥巴马于2013年6月在安纳伯格庄园进行会谈达成重要共识，共同努力构建中美新型大国关系。2014年11月奥巴马访华时，习近平主席针对中美新型大国关系建设的问题又提出了六个重点的突破方向。中美新型大国关系的构建，体现出国际关系的全新理念，需要采取全新的眼光和思维方式来重新定义中美关系的未来发展。新型大国关系的关键性要素在于"不冲突不对抗，相互尊重，合作共赢"。二是树立正确的义利观念。2013年习近平主席在访问非洲国家时提出了正确义利观，为中国外交指示了新方向。习近平主席指出，中国坚信中非合作必须坚持发展各自的优势，紧密结合中国和非洲的实际情况发展合作关系，以此实现共同的发展。"义"在正确义利观中起到关键性作用，需要在交往和合作的过程中将道义放在首位，追求利益的过程必须满足道义的标准和要求。与非洲交往时，中国将"讲信誉、重情义"时刻铭记于心，交往中必须做到平等、友好和守信，保障非洲同胞的正当权益和合理要求，时刻将义放在首位，利益的追求不会超越义。

二 党的十八大以来中国外交外部向度的新调整

笔者认为，国家定位、指导思想、外交风格和外交理念属于中国外交内部向度的范畴，其调整意味着外部向度的外交实践活动同样需做出相应的调整，后者在内容上主要包括新构想、新外交方式、新实践与全球治理的中国哲学四个方面。

（一）新的外交构想："一带一路"倡议

以中国与其他合作国家固有的双边、多边机制为基础，中国创造出了更为广阔的合作空间，并积极主动地同沿线国家开展经济合作，为"一带一路"建设提供了稳定的发展路径。"一带一路"发展的前提是开放和包容，中国不会走排他和封闭的老路。如今的世界是开放的，只有开放才能取得进一步发展。中国相信只有通过开放的发展道路，才能够发现发展机会、创造机会并抓住机会，以此来保障国家发展的需求。"一带一路"倡议的宗旨是将世界和中国的机遇进行互通。根据这种需求，中国以"一带一路"作为导向，积极建设互联互通的基础设施项目，推动经济要素合理流动、高效配置，促使市场进行深层次的融合，促使区域合作更为广泛和深入，建造区域经济合作构架，从而有效地促进经济的持续增长。总而言之，"一带一路"是开放包容的多元化合作倡议理念，这也是它能够区别于其他发展理念的关键之处。

另外，"一带一路"能有效推动国际产能合作。产能问题是社会总生产远远大于社会总需求，进而使得供求关系不均衡，物价水平发生变化，经济危机很可能随之产生。现阶段，中国的经济增速减缓，不仅是因为受到全球经济实体变化的影响，同时也因为自身的经济发展出现了问题，各个行业的生产过剩便是其中主要的因素。市场经济的根本在于市场，一旦市场体量无法承担产能的巨大压力，就会出现极大的消极影响。为了有效地化解产能问题，首先需要进一步扩大市场的范围，例如进一步发展海外的市场。其次是进行产业结构调整，通过发展多元的行业同样可以实现产业的调整，"一带一路"旨在通过对周边市场保持开放，帮助其他国家有效地处理问题，同时帮助本国产业进行升级和发展，进而实现双赢。

（二）新的外交方式：双轨制外交

中国实行改革开放政策之后，致力于追求与全球体系一体化的目标。中国积极追求融入世界体系，同时促进国家体系的对外开放。如此一来，中国在未来一段长时期内能够在体系的一体化中获取重要的利益回报。中国不仅已经加入所有重要的国际经济组织，还加入了大多数主要的政治和社会组织，签署了《经济、社会及文化权利国际公约》和《公民权利和政治权利公约》这两个人权公约。中美之间的冲突和矛盾并不会因为中国的加入而消失，即便中国满足美国所谓的西式民主标准，两国的矛盾也并不会消失。中国之所以选择加入国际体系，不单是为了与其他国家建立良好的关系，同时还希望能够进一步扩展现有的朋友圈，更好地平衡美国的影响，提高中国的能动性。

根据中国加入世界贸易组织这一背景来分析，虽然中国的经济力量足以影响到国际经济，然而对于国际体制的构建，中国没有太多的话语权。能够选择的策略也较少，只能在接受了大框架之后才能选择拒绝明显的不利因素。总而言之，经济接受远远大于政治接受。由于加入世界贸易组织等国际机构，再加上自身的市场经济持续迅猛增长，中国在经济层面上势必要与国际接轨。中国政府需要进一步接受世界体系中的价值观念和制度规则，并对自身的经济体制进行适应性调整。政治层面上，中国虽然已经签署了联合国所提出的两项权利公约，但是中国的制度建设并没有照搬西方模式。中国国内体制的变革需求很大程度上是内部提出的，不是迫于外部压力的结果。

中国一方面融入美国领导下的世界体系，另一方面也致力于改革国际旧秩序。国际秩序能够有效地保障全球治理新格局的形成，二者密切关联，互为补充。现有的国际秩序如果没有理论层面的内容进行指导，是很难推进变革的。中国也形成了许多跨区域的合作论坛或区域合作组织：中非合作论坛、中阿合作论坛、上海合作组织、中国—东盟自由贸易区，这些无不有效地加深了中国与世界其他国家的联系程度，在国家与国家之间构建了全新的合作平台。此外中国还十分重视参与全球性国际组织，包括国际经济合作论坛、二十国集团（G20）峰会、"金砖五国"合作机制，等等。

（三）新实践：海外利益保护、软实力建构与全球治理

笔者认为，中国外交实践基本上稳定在四个领域：大国外交、周边外交、发展中国家外交以及多边国际组织外交。党的十八大以来，习近平主席在传统的四个领域中，扩充了新的实践内容。

第一，海外利益保护。改革开放之后，中国同美国等诸多意识形态不同的国家建立了广泛的外交关系，出境人次不断增加，日益重视应对海外公民安全问题，客观上推动了海外公民的利益保护机制建设与发展。21世纪以来，中国经济飞速发展，综合国力以及国民的生活水平获得了较大的提高，对于海外公民利益保护也提出了更高的要求：首先，中国出境的人次不断攀升；其次，中国公民由于缺乏维权意识，频频被侵犯利益；最后，保护海外公民利益的内容繁多。在此背景下，中国外交的观念发生变化，"以人为本、外交为民"成为外交的主要观念之一，海外公民的利益保护成为重点内容之一。2014年12月5日，华春莹在外交部例行记者会上表示，面对"走出去"规模的快速增长和日益严峻复杂的海外安全形势，外交部将继续做好领事保护与服务这项"海外民生工程"。这是中国首次将领事保护工作纳入民生工程的范畴，从国家层面予以保障，在中国梦的蓝图中添加了保护海外公民利益这一要素。

海外利益的另一层面就是国家利益，而国家利益的维护离不开对外开放，对外开放的政策保证了中国高质量发展。70年的外交实践证明，中国一直以来致力于贯彻落实同他国发展友好合作的观念。在新的时代条件下，中国未来的发展目标以及人民生活的需求都发生了巨大的变化，但中国始终不会改变对外开放的政策，加强与其他国家的合作关系有助于中国的长远发展，全球化促进了中国获取更大的海外利益。中国在加强国际合作以及促进全球发展目标的背景下，提出了"一带一路"的发展新思路。中国极为重视国际组织在海外利益维护中的作用，为了保障国际合作的进程，中国将持续投身国际组织的工作中去，并提升中国在国际组织中的地位和作用，通过多边外交资源保障中国的海外公民权益。

第二，软实力建构。软实力是在国家发展的过程中不能忽视的一项重要内容。在过去的很长一段时期内，中国较为重视经济与军事等硬实力的发展，以此来提升中国在国际社会中的话语权，相比之下，对于文化等软实力的发展投入不够，造成软实力发展不足。对此，中国在发展进程中，需要关注全面综合的可持续性发展，不仅需要继续保障硬实力的发展，同时还要积极构建软实力。党的十八大以来，中国政府更加关注软实力建设，加大推进人文交流及公共外交，同时兼顾国内外两个舆论场。习近平主席强调要时刻展现中国形象，必须讲好中国故事，做好对外宣传，这使得政府公共外交的方式和内容在一定程度上都有较大的改革与创新。作为中国公共外交的代言人，习近平主席非常注重在国际场合向全世界展示中国特色的发展道路、社会制度，引导和促进外界对中国国情及政策的深入认识。从路径角度上来看，有公开演讲、接受采访等多种不同的有效路径；从内容角度出发，习近平主席常常引经据典作为立论的根据。习近平主席于2014年在中南海瀛台与美国总统夜话期间，向时任总统奥巴马讲解了瀛台的历史变迁。为了使奥巴马对中国的实际情况以及当今中国领导人所秉承的执政理念有深入了解，习近平主席向奥巴马介绍了当今中国治国理政的一些符合国情的具体措施，使奥巴马理解了中国人民对国家稳定及统一的珍惜与重视。2017年美国新任总统特朗普访华，习近平主席在故宫向其介绍了中国独特的历史文化。此外，2017年11月7日出版的中英文版的《习近平谈治国理政》第二卷，截至2018年2月2日，全球发行量已突破1300万册。中国理念在世界上的反响越来越大，越来越多地为国际社会所理解。众所周知，软实力是一个描述性而非规范性的概念。在政策认知层面上，不能将一个非规范的描述性的软实力概念弄得太复杂。简单来说，理念制胜、人心所向是软实力的具体表现。中国推行"一带一路"建设，其目标就是让周边国家都能分享到中国当今的发展成果，展现中国外交政策的善意和诚意。在整个进程中，如果不对软实力构建的方式与手段加以重视的话，很可能会遇到不同的麻烦。因此，在"一带一路"建设中，我们必须高度重视自身软实力建设。

第三，全球治理。随着经济实力的增强和综合国力的提高，中国逐渐成为全球治理的主要参与者之一，在全球公共产品提供方面发挥了重要作用，为构建更加公平合理的世界秩序贡献了中国智慧和中国方案。2015年10月12日，中共中央政治局第27次集体学习把全球治理格局和治理体制作为学习的主题。2016年9月27日，中共中央政治局第35次集体学习把二十国集团领导人峰会和全球治理体系变革作为学习的主题。中共中央政治局两次把全球治理作为学习的主题，足见中国共产党和中国政府对全球治理的高度重视、推动全球治理体系变革的决心和作为大国对人类前途命运的责任担当。为推动全球治理体系变革，中国在多边国际舞台上积极阐发中国对全球治理的理念和主张。从2013年4月7日在博鳌亚洲论坛年会上的主旨演讲到2017年11月11日在亚太经合组织第25次领导人非正式会议第一阶段会议上的讲话，习近平主席在各种多边国际舞台上就全球治理理念、加强国际合作等发表演讲46次，积极阐发中国的全球治理观。

（四）全球治理的中国哲学

习近平主席在2015年9月26日联合国大会上系统地阐述了中国的全球治理观。这是中国全面参与全球治理的起点。此后，中国开始构建理论，提出全球治理的中国方案。中国的全球治理观体现了中国独特的治理哲学。

第一，尊重联合国，注重联合国外交。随着中国综合国力、国际地位及影响力不断攀升，中国外交政策发生了潜移默化的改变：由对发展中国家适当权益的维护转变为对全球公共问题提出官方解决办法；由争取相对应的权益转变为推动对制度观念的改革与创新。这表现出中国的联合国外交逐步趋于成熟与完善，更加注重在联合国里发挥负责任大国的作用。联合国创立以来，经历了无数的曲折发展，成为国际多边合作及应对人类共同挑战与威胁的重要舞台，其在全球治理中有着不可替代的作用。中国与联合国的关系经历了逐步适应、全面有效地参与其中并发挥大国作用等几个重要阶段。中国对联合国的认识也在不断深化，联合国不仅是新时代中国多边外交政策的重要平台，还是中国向全球展现负责任大国风范的重要舞台。当代中国领导人清楚，国家威望最大化的有效途径是依照以联合国为核心的国际制度参与国际事务。

第二，发展与共赢。在全球化不断在挑战与机遇交替中深入发展的今天，每个国家都不能独善其身，只有在全球范围内配置适合整个世界的发展资源及经济条件，才能对促进世界的稳定、共同发展产生巨大的能量。这不仅需要在贸易往来等方面进行深度广泛的合作，更要利用国际项目驱动的有利条件，实现铁路、公路等基础设施的相互联系，从而进一步实现实体公司往来投资的灵活、便利。中国建议全球伙伴共同坚持明确合作方向，从而达到互利共赢的目的，让"五通"这个共同目标逐步实现，并通过对话谈判化解分歧，通过协商和互谅来解决矛盾争端，进一步有效地维护国际局势的健康稳定。各个国家都应联起手来应对人类共同合作框架内的政治、经济等诸多挑战，通过开创历史发现新机遇、扩展各国经济发展空间等有利条件，形成各国互惠共赢，推动人类命运共同体朝着有利的方向逐步发展。在抛弃并改变以往只顾各国自身利益的"零和博弈、你输我赢"和"单边主义、彼此对立"的旧思路,树立不同于以往的全新发展观念,才能实现"真发展"与"共发展"的最终目标。

第三,平等的伙伴身份。过去大国的国际关系大多数对第三方具有排他性和针对性,这种关系给他国的发展和安全带来了严重的威胁,成为世界范围内的不安定因素,这种"盟友"关系不利于长期合作。在科技飞速发展的大背景下,经济全球化为不少国家带来了"春天",具有责任、命运和利益共同体意义的长期国际合作关系是新型的全球发展伙伴关系,是中国倡导的在不结盟的前提下广交朋友的实际表现及理论依据。各国在全球化过程中走上了独立自主的发展道路,但在多样的共生性网络中,还需要在相互交流中共同发展。虽然各国之间仍然不可避免地存在矛盾及竞争,但从实际来看,已经形成了相互依靠、相互联系的命运共同体。

第四,不干涉内政。主权国家具有绝对的独立性,互不干涉内政是国际法则,不能强迫、胁迫他国接受别国意志。历史上,包括中国在内的大多数发展中国家都曾被霸权国家压迫及侵略,所以新中国在成立伊始就格外重视国家主权,不干涉别国内政一直是中国外交活动的前提。中国一直是不干涉内政原则的实践者与维护者,不仅奠定了中国政治大国的地位,而且还赢得了全球的尊重。

三 结语

随着中国综合国力的增强,中国开启了全新的富有特色的新时代大国外交时代，在国际舞台上影响力日增，在当今的国际格局中已处于关键位置。国际身份的新定位，以及当今国际形势与格局的结构性变化，使得中国的外交内容从理念、战略、方式、实践等八个方面都做出了相应调整。以"中国特色大国外交"为战略指导，中国更加积极进取，提出具有划时代意义的中国方案，体现出了中国在国际上的责任担当。党的十八大以来，中国外交在理论与实践上的独特内容，准确把握了当代国际局势以及未来的变化趋势，有效弥补了国际结构中现有机制的短板与不足，使全球治理的格局更趋公正合理。相较于其他国家传统的全球治理方式，中国独特的外交革新根源于中国制度内核的先进性，中国一系列的外交革新突破了现实主义困境，超越了以往的零和思维及霸权模式，展现出了与众不同的发展路径。

从中国"推特外交官"看外交风格的转变[*]

观察者网：我们看到像赵立坚大使那样拥有个人风格的外交官越来越多，他们越来越善于运用国内外媒体，最近也有一系列的对外发声。您认为这种现象的原因是什么？是上级的统一部署还是外交官个人风格的体现？

金灿荣：党的十八大以来，中国外交发生了一些变化。总体来说，中国外交变得积极进取了，积极进取的结果就是中国的外交官变得比较自信、活泼。整个战略宽松了一些以后，战术层面必然也活泼一些，现在我们的发言人讲话的幽默程度就比以前高了。至于你说的赵大使开始用西方的媒体来发声，这是战术层面的变化，它反映了我们气氛的宽松，也反映了外交能力的提升。

以前我们的外交干部不太会用社交网络，现在新一代外交官

---

[*] 本文发表于"观察者网"2019年7月22日，收入本书时有所修订。

对于这些社交媒体比较熟悉,也具有了一定的个人风格,相较于过去,在和西方对话、掌握西方人媒体使用习惯方面要更加适应、娴熟一点。

至于你说的是否是上级的统一部署,我觉得这个是两面的,现在这批外交官的训练都很好,他们对西方很了解,也比较自信,一方面他们是在实际的外交中愿意做一些改变,另一方面我们的政策也鼓励他们做,两个一结合,我们在与西方对话方面,形势就有所变化。总体来说就是中国比原来更加现代化、更加自信一些,所以这种新的对话形式以后都会增加。

观察者网:在我们外交官的培养中是否有专门的课程,比如说操作手册之类的来统一培训他们的媒体素养和这方面的能力?我们的外交官如何克服怕说错话、怕犯错误的心理,更加积极主动地在对外舆论战中发声?

金灿荣:你说的"培训手册"是没有的,大家还是平时各自积累经验,遇到具体的情况,临场应变比较多。

任何国家对于外交官都有很严格的要求,都有一些口径,包括美国也是这样。而且美国人执行统一口径执行得还挺好的。和过去相比,我们对于外交官的授权、自由度要宽松一点,至于说培训,现在应该有一些,但是在我的印象中不是很密集,一个优秀的外交官、外交发言人的一系列活动更多的还是靠平时的积累。随着外交官的代际转换,年轻外交官总体来讲开放度要好一些,所以无论从体制还是个人,都比以前要宽松一些,这样一些比较有个性的外交官就可以脱颖而出。其实,很多尺度是外交官们自己闯出来的，而不是被规定出来的。这是一个过程，外交上一开始特别紧，后来慢慢说一说觉得也没什么事儿，氛围也就逐渐宽松了。所以说，给中国外交官一点理解、一点时间，我相信中国外交会更加灵活，更加活泼。

观察者网： 从这一轮外交官发声的效果来看，国外很多普通网友还是非常喜闻乐见的，但是西方媒体和官员们却不那么舒服，甚至发文嘲讽中国外交"战狼化"？您对此怎么看，我们的外交官如何做到进退有度，既据理力争又避免掉进对方的套路？

金灿荣： 因为我不是在一线的，所以对于一线的难处，我未必可以很深刻地体会到，有点属于"站着说话不腰疼"。但是我想说的是，我们的外交官在一线，面对的很多事情是突发的，很多信息他们在第一时间是不完全掌握的，所以一线的外交官有时候说话和表态是很难的。我只能说，社会、政府、民间和官方要对我们的外交官多一点理解，多一点支持，鼓励他们发声，即使有的时候发错了，也应该容忍，不要过于上纲上线，这样我们一线外交官的工作才可以越做越好。如果不给他们机会，他们怎么锻炼呢？

至于西方的态度，我们也不必太在意，因为这就是"叶公好龙"。中国如果在国际上不发声，不去做事，他们就怪中国，说我们的不是；但当我们主动表达自己的立场，主动在国际舆论场宣扬我们的方案时，他们又受不了，所以西方现在的心态很矛盾，对于西方的态度我们也不用太在意。现在我发现一个问题，就是所谓的自由世界的人其实有的时候是过于自信的，他批评你叫作言论自由，而你反过来批评他叫作压制自由，自由变成了他的专利，这个就是一种"独裁的自由主义"，所以才会有"闭嘴，我正在讨论言论自由"。

中国外交的特点和趋势

习近平总书记指出:"全面推进中国特色的大国外交,形成全方位、多层次、立体化的外交布局,为我国发展营造了良好的外部条件。"世界正面临百年未有之大变局,新时代开启了中国特色大国外交新征程,我们必须认真总结新中国外交70余年来的历史成就和宝贵经验,抓住机遇,迎接挑战,不断推进中国外交持续发展,开创新时代中国特色大国外交新局面。

一 中国外交的历史经验十分宝贵

中国外交是成功的。在世界大国中,中国外交成就在众多国家中脱颖而出。《国家间政治》的作者、现实主义学派的主要代表人物之一摩根索曾说:"我们处在一个所有人的理智在某种形

---

* 本文作者为金灿荣、刘冰若,刊于《前线》杂志2020年第1期,收入本书时有所修订。

式或某种程度上都有着缺陷的环境里。"国家的理性也是有限度的，也无法避免出现失误。国家间的竞争不在于不犯错，而在于少犯错，在于能否克服错误并继续前行。冷战期间美国发动的越南战争、冷战后发动的伊拉克战争，以及苏联入侵阿富汗都是犯错的典型案例。国家消耗了巨大的战略资源，最终却未收获战略价值，还深陷其中，一无所获。中华人民共和国成立70余年来，中国从未犯过此类错误。尽管我们拥有相应的战争能力，但中国坚定奉行独立自主的和平外交政策，奉行防御性的国防政策。70余年来中国外交并未出现重大失误。

内政决定外交。中国外交70余年是内政决定外交、外交影响内政、内政与外交互动与互构的时期。从理论上讲，外交是内政的延伸。中国作为一个规模大、人口多、文化底蕴深厚的超大型国家，内政对外交的决定性作用显得尤为突出。从现实上讲，在70余年的外交历程中，国家利益和意识形态二者相互交织、相互交替，共同作用于外交政策。从中华人民共和国成立到改革开放前的近30年，意识形态在外交政策中所起的作用占比更高；改革开放以来，国家利益对于外交的影响更为明显，意识形态的作用有所淡化。近年来，中国国际关系学界开始建构国际关系理论的中国学派，且成果日益增多。其中，中国社会科学院哲学研究所的赵汀阳研究员提出的"天下体系"对世界影响较大。"天下体系"提倡包容天下，讲求"四海之内皆兄弟"，把整个世界作为一个政治单位去思考分析，超越了现代民族国家的思维方式。西方的基督教文化认为上帝面前人人平等，但对不信奉上帝的异教徒则十分排斥，甚至敌视。而中国的"天下体系"显然更具有包容性，其蕴含的精神力量和影响更大，因而受到西方重视。

中国外交前途光明。这一判断基于两大原因，一是中国外交的纠错能力很强。中国能够随着自身所处的不同阶段适时调整对外政策，这在国家间的竞争中尤为重要。二是中国有着强大的工业化能力作为支撑。工业化能力是近代国家的立身之本，当前中国已成为世界上工业门类最多和制造能力最强的国家之一，这为中国外交提供了强大的实力支撑。

二　中国外交成就十分显著

坚定维护国家主权。中华人民共和国成立之初，承受着帝国主义国家的敌视和封锁压力，面临着巨大的生存风险和考验。但中国始终坚持独立自主的和平外交政策，彻底粉碎了一个多世纪以来帝国主义、殖民主义强加在旧中国身上的桎梏，一扫过去屈辱外交的历史。1954年4月的瑞士日内瓦会议上，中国首次以五大国之一的身份参加讨论国际问题。6月，中国分别与印度和缅甸发表联合声明，倡议将和平共处五项原则作为处理国际关系的准则，在世界上产生了广泛的影响。1955年4月的万隆会议上，中国独立自主的和平外交政策被世界上更多国家了解和信服，中国以崭新面貌和独立姿态巍然屹立于世界舞台。

助力国家经济发展，尤其是实现了工业化。生产力决定生产关系，经济基础决定上层建筑。在现代社会中，生产力决定生产关系的具体表现之一就是工业化实力决定国家命运。工业化是中华人民共和国成立 70 余年来取得的伟大成就，而外交在促进国家经济发展，特别是助力实现工业化方面功不可没。中华人民共和国成立初期与苏联正式签订《中苏友好同盟互助条约》，"这样就便利我们放手进行国内建设工作"，进而奠定中国工业化的基础。改革开放以后，中国逐渐融入世界，向西方发达国家学习工业化的先进经验，从此走上了经济高速发展的快车道。如今，中国的经济规模仅次于美国跃居世界第二位。工业能力的提升进一步推动中国外贸增长，为中国经济发展注入了强劲动力，增强了中国在国际社会巍然屹立的底气与定力。

较好维护海外利益。我国不断加大对海外中国同胞和机构权益的保护力度，努力打造遍布世界的海外民生工程。虽然外交系统的公务人员数量有限，但是中国外交全力为海外中国同胞和机构撑起了全天候的安全伞，从 2011 年的利比亚撤侨，到 2018 年的泰国普吉岛游船倾覆事故，可以说中国同胞走到哪里，中国外交人员就跟到哪里。2018 年，中国内地居民出境近 1.5 亿人次，涉及中国同胞的领事保护案件达 8 万件。中国外交官用实际行动践行着"忠诚、使命、奉献"的核心价值观，成为中国外交全力打造的海外中国平安体系的生动缩影。

积极推进全球化进程，参与全球治理。随着国家实力的增强和国家地位的提高，中国外交在参与全球治理的过程中，不断从旁观者、追随者，发展成为领导者和倡议者；从参与国际组织，到全方位融入乃至创建国际组织，中国在全球治理问题上发挥的作用越来越大。中国外交围绕着世界需要什么样的全球治理、全球治理为了谁、如何推动全球治理改革和建设等重大问题，提出了一系列中国主张和中国方案。以2001年中国加入世界贸易组织为开端，中国积极融入全球化进程，先后发起成立了亚洲基础设施投资银行、金砖国家新开发银行、丝路基金、南南合作援助基金、国际发展知识中心等，推进"一带一路"建设，丰富了全球治理的体制机制。此外，中国还主办了北京APEC会议、G20杭州峰会、"一带一路"国际合作高峰论坛、金砖国家领导人厦门会晤等主场外交，积极推动上述全球治理方案机制化，形成了由经济、政治、文化、社会、环境、安全等多层次、多方面内容构成的全球治理体系方案。

有力维护地区稳定。中国周边外交环境十分复杂，邻国数量多、类型差异大，并有着形形色色、相互交织的复杂矛盾。但是，中国外交以极大的忍耐和克制积极谋求地区和平和稳定，为中国的经济建设创造了良好的外部环境。在朝鲜半岛问题上，中国鼓励和支持朝美双方继续开展对话并取得积极成果，推动朝美及其他各方沿着"双轨并进"思路探索前行，早日实现半岛完全无核化并建立半岛永久和平机制。在维护伊朗核问题全面协议、缅甸若开邦问题以及阿富汗、叙利亚、巴勒斯坦等问题上，中国积极发挥中国智慧，提供中国方案，在维护世界和地区的安宁、稳定方面持续发挥积极作用。

积极推进中国特色社会主义道路的建设。习近平总书记指出，中国特色社会主义道路"给世界上那些既希望加快发展又希望保持自身独立性的国家和民族提供了全新选择"。经过多年的探索，中国逐渐走出一条具有自身特色的社会主义道路，这是一条现代化新路，它的理论价值不仅在于它当前在全球经济中的重要性，更在于它为广大发展中国家发展提供了一种可借鉴的经验。中国外交在其中发挥了极其积极的作用。

三 中国外交的发展阶段

习近平总书记在党的十九大报告中将新中国的发展梳理成为三个阶段，即站起来、富起来、强起来。按照汇率计算，2018年中国的GDP为13.7万亿美元，而美国为20万亿美元，中国是美国的64%，仅有1/3的差距。另外，2018年中国的人均GDP已经接近1万美元，这对于拥有14亿人口的发展中大国而言是非常了不起的成就。党的十八大以来，中国面临着强起来的历史重任。由于衡量强起来并没有一个绝对量化的指标，这一历史任务应当是一个很长的历史过程。

一个新生国家基本上都要经过这三个阶段：第一个阶段是寻求安全，第二个阶段是寻求发展，第三个阶段是寻求尊严。总体而言，中国外交的发展阶段同国家的发展阶段是完全对应的，中国外交所追求的目标也同该阶段的国家目标相一致，并且总体上都完成了相应阶段的历史任务。这一成就来之不易。

四　中国外交面临百年未有之大变局

当前国际形势纷繁复杂、乱象丛生。贸易保护主义和排外主义不断抬头，反全球化和民粹主义现象层出不穷。西方阵营内的国家间也经常陷入贸易争端。伊核和朝核问题迟迟得不到有效解决，美国在传统热点问题上显得力不从心。反而作为社会主义国家的中国依然高举自由贸易的大旗，坚持开放和多边主义。

习近平总书记对当今及未来的国际格局做出了重要判断。他在党的十九大报告中指出："当前，国内外形势正在发生深刻复杂的变化，我国发展仍处于重要战略机遇期，前景十分光明，挑战也十分严峻。"2018年6月，习近平总书记在中央外事工作会议上进一步指出，当前中国处于近代以来最好的发展时期，世界处于百年未有之大变局。这些判断高瞻远瞩、深谋远虑，科学把握了转型过渡期的国际形势演变规律，指明了历史交汇期我国外部环境的基本特征，对全面推进新时代中国特色大国外交具有重要而深远的意义。可以说，当前我国处于近代以来最好的发展时期。同时，做好当前和今后一个时期对外工作具备很多国际有利条件。

应当说，第四次工业革命的到来，对中国而言是一个最为难得的历史机遇。生产力决定生产关系，工业能力决定国家命运。近代国家能力的形成跟工业革命密切相关，以三次工业革命为跳板实现了从农业走向工业的发展。而在这三次工业革命中，英国和美国先后占据主导地位,这也使得英美两国先后占据了人类长达三百多年的发展先导地位。

中国与前两次工业革命失之交臂。中华人民共和国成立之后,我们通过独立自主地建设,把第一、二次工业革命的短板补齐。改革开放以来,中国追赶第三次工业革命,在计算机主导的信息化时代,中国取得巨大成就,这也是中国得以迅速崛起的重要原因之一。中国的内政外交努力将会使我们在第四次工业革命当中拔得头筹。

在网络时代,中国取得了两项领先世界的巨大成就。第一是网络的硬件设备生产。全世界范围内,一半以上的网络基站由中国制造并搭建,而由中国生产的、作为移动通信终端的手机和电脑占比更高。第二是应用软件和网络技术的经济领域应用。中国已在电商和电子支付领域遥遥领先,中国的网络硬件设备制造和网络经济应用均已成为世界第一,并开始创造中国独有的商业模式。这为中国在第四次工业革命中占据了有利地位。近年来,人类开始逐渐进入5G时代,2019年工信部已给中国联通、中国移动、中国电信和中国广电4家运营商发了5G牌照。中国在5G领域已经领先世界,甚至引起了美国的警惕,为了防止中国在未来国际竞争中抢占先机,美国开始不断对中国高科技企业如华为等强力施压。

目前,人类开始进入网络时代之后的下一个阶段,即5G基础上的物联网时代。物联网则是以计算机和手机为指挥中心,将工作和生活中的电器都连接起来,即"万物互联"。从目前的发展情况来看，中国很可能在这一阶段处于领先地位。但5G基础上的物联网仍然是计算机网络革命的深化，即第三次工业革命的一个阶段，并非第四次工业革命。当然国际上也有人认为，5G基础上的物联网就是第四次工业革命，但持这种观点的是少数。

真正决定人类命运的第四次工业革命大体会在五个方向上产生，第一是新材料石墨烯，第二是基因工程，第三是人工智能，第四是量子技术，第五是核聚变。从目前的情况看，美国在这五个方向的技术相对而言都是最先进的，中国、欧洲、日本、以色列、韩国、印度和俄罗斯等国家和地区各有所长。但是，在这五大方向的投入将是巨大且可能没有回报的。从综合国力来讲，只有综合国力强大的国家才能够做到，因此，第四次工业革命可能会演变成大国之间的竞争。虽然美国的优势在于创新能力极强，但美国有一个根本的缺陷就是产业能力很弱。从经济学的角度来说，再好的技术，如果永远只是停留在理论上，不能产品化，不能变成市场上畅销的产品，那么，这样的技术最终也只是一张废纸，无法转化为生产力。

中国的优势在于具备先进的工业产业能力，工业门类非常齐全。新中国成立后的几十年建立了比较完备的工业体系，为改革开放后中国经济实现快速发展奠定了基础。虽然中国的产业水平还有很大进步空间，但是中国完备的工业化基础能够满足社会发展的基本需要，并且还处于不断发展的过程中。此外，中国拥有较强的学习能力和技术转化能力，这也是中国发展的一大优势。

总之，中国在第四次工业革命中存在竞争优势。未来中国外交应把为中国进行第四次工业革命开辟良好的外部环境作为重要任务，通过30年的努力，牢牢把握第四次工业革命机遇。如果2030年至2050年中国率先实现突破，在第四次工业革命处于领先地位，中国将会拥有世界上最好的生产力布局以及最先进的技术和产业。技术强则国强，产业先则国富，中国离现代化的目标就会越来越近，中国外交也将在"两个一百年"的伟大征程中继续书写辉煌灿烂的新篇章！

第四篇

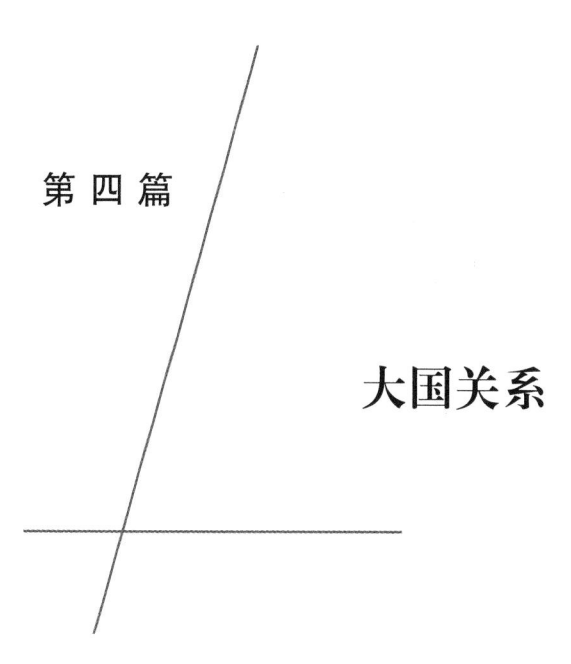

大国关系

美国对中国现在是有心无力[*]

很多国家不讲战略机遇,中国特别重视战略机遇,并且中国有两个特点:第一,中国是个动员性国家;第二,中国是一个有很强抱负的国家。如果一个国家过一天是一天,那么对于这些国家来说,谈战略机遇是没有意义的。一是有战略机遇的国家,它是有抱负的;二是完全制度化的国家,它跟着制度走就行了。但是我们中国是动员性国家,我们需要有一个共识,需要有对战略机遇的判断,这是非常重要的,影响每一个人的生活,影响政府资源投向的选择。习主席说,现在国内外形势很复杂,但是我们仍然有重要战略机遇,所以我们仍然可以好好搞建设,可以买房子。关于有没有战略机遇,习主席的判断是有,下面我就具体解释有哪些。

中国有战略机遇。第一,中国在大国里,制度是比较好的。从现在到未来十年,中国经济是可以保障每年5%或6%的增长

---

[*] 本文为2017年12月金灿荣教授在南京江北新区论坛"未来学堂"讲座内容,收入本书时有所修订。

速度的。"人口红利"还在，因为中国人口还是在正增长，虽然原来每年增长两千多万，现在增长三四百万，但还是在增长，不像欧洲和日本是绝对量在减少。另外中国还有一个很大的红利，过去我们不太重视，但是以后会重视，就是"工程师红利"。2019年中国大学毕业生是834万，中国在校大学生是美国的1.5倍，这是很恐怖的一个数字。这里面还有一多半是工科学生，这会导致什么结果？会导致全世界一半的公司是在中国。这就是未来中国经济发展真正的红利，即工程师红利。当然，可能还有第三个红利——机器人红利。中国现在用了世界一半的机器人，生产了1/3的机器，中国把机器人红利用得很好。所以，人口红利还在，加上工程师红利、机器人红利，未来十年中国的经济发展依然可观。这就是战略机遇，不像日本，25年的经济停滞，是绝对的后退。日本首相安倍晋三上台以后，用了各种手段：实体的、经济的、财政的、金融的、汇率的，结果日本2016年经济增长率1.4%，举国欢庆。但放在中国情况就不一样了。日本人高兴，是因为它的时势同中国不一样，这就是中国未来的第一机遇。

第二，西方内部存在问题。西方分为三块，核心西方、东部西方、边缘西方。核心西方是美国和欧洲，大约有9亿人，是现代化的发源，现在世界上主要的权力资源都在核心西方，从军事到科技、金融、制度、权力、软力量；东部西方是日本、新加坡、韩国、澳大利亚、新西兰，大约3亿人，它们在地理上属于东方，但是在心理、政治结构和战略上完全属于西方，所以叫东部西方。这就是核心西方和东部西方，是最重要的两个西方，然后便是边缘西方。在任何别的国家都有西方的势力，经济上有依附于西方的势力，比如媒体、学界，等等。所以大致计算，西方大概20多亿人，将近30亿，这是对中国发展影响最大的一部分。但是在西方的三大块中，最重要的还是核心西方，即美欧，而美欧中主要的还是美国。

我的结论是，美国对中国现在是有心无力。美国现在内部问题比较多，上层政治有点处于僵局，社会分化较为严重，形成上下、左右、黑白三组矛盾。上下，是一般群众对华尔街；左右，是民主党左派对共和党右派；黑白，即种族。此外，还有华尔街代表的金融虚拟经济对得克萨斯州代表的石油实体经济；西弗吉尼亚州的煤矿集团、特朗普所代表的经济民族主义和华尔街、好莱坞、硅谷代表的经济全球主义之间的矛盾。另外，美国在国际上牵扯的矛盾也非常多，和俄罗斯、中东、拉美等国家和地区都有矛盾。

虽然现在表面上美国所领导的西方世界还是最强大的，但是从细节中会发现，实际上美国现在很难全力以赴针对中国。

第三，国际上的战略机遇。未来十年，实际上真正的热点，第一还在中东地区，第二在东欧。中东过去主要是巴以矛盾，现在巴以矛盾还在，但是中东未来的主要矛盾是什叶派与逊尼派的矛盾，具体来说是伊朗与沙特阿拉伯的矛盾，而这个矛盾比较大，从7世纪到现在，是非常血腥的；而东部欧洲围绕着乌克兰，俄罗斯与西方的对抗将长期化，这对于西方的精力也是有所牵制的。

　　第四，全球问题会更加凸显，使西方国家更倾向于和中国合作。全球问题就是跨国界问题，涵盖很多，既包括宗教冲突、边境摩擦、小的部落冲突，也有贫困、水资源短缺、粮食短缺、跨国犯罪、贩卖枪支、毒品、妇女、人口等存在已久的问题。另外，现在网络犯罪、气候变化带来的自然灾害，各个文化的极端主义势力上升，都是新的问题。这些全球问题会逼着美国和我们合作，这就是中国的战略机遇，同时也是世界形势的一个走向。

　　实际上，在邓小平时期就已经有了战略机遇这一提法，江泽民同志、胡锦涛同志都在说。但和前几个领导人相比，习近平总书记对战略机遇有一个微妙的态度调整。过去的几个领导人强调战略机遇是外部客观的存在，要去抓住，而习近平总书记想要塑造战略机遇，他对主观能动性的要求更高了。

中国量力而行,美国"叶公好龙"

美国单方面挑起经贸摩擦以来,一直试图通过各种方式对华施压,其中包括要求世界贸易组织(WTO)以发达国家而非发展中国家的标准对待中国,推动世界银行提高给中国贷款的利率等。无论美国或其他西方国家如何混淆视听,都无法改变中国是世界最大的发展中国家这个事实。党的十九大报告中指出,中国的这个国际地位没有变,在上个月金砖国家领导人约翰内斯堡的会晤中,习近平主席也再次强调了这一点。

这一定位符合中国基本国情。首先是中国的工业化进程还没有完成。虽然我们的工业化取得巨大成就,现在已经拥有全球最大规模的制造业、最完善的工业体系,学习能力也非常强,但客观讲,整个经济体系还没有彻底完成工业化,依然处在爬坡的过程中,这是中国仍在"发展中"的根本原因。如果工业化真完成了,再说"发展中"就缺乏学理基础了,但事实是,我们还

---

* 本文刊于《环球时报》2018年8月8日。

没到那个程度。

其次是中国发展不平衡的问题。虽然中国沿海和中部一些城市地区的现代化水平已经比较高了，但沿海农村地区和中部中小城市现代化水平还比较低，西部地区的发展水平普遍还要更低一些。如果只看北、上、广、深、杭等发展最好的几个点，怎么看中国都是发达国家，但要看整个中国和14亿中国人这个整体，就必须承认，相当高比例的人口还处在现代化早期阶段，就平均水平而言，我们还处在发展中国家阶段。

最后是还有一些很难用数字表达的，其中包括社会上符合现代化要求的思维方式、行为习惯的培养，比如遵守秩序、正确的公益观等，另外还有现代国家的治理能力等，这些方面我们还有所欠缺。党的十九大报告中对国家治理体系和治理能力现代化提出明确要求，也有这方面的针对性。

综上所言，硬的方面，中国工业化还未完成、地区发展不平衡；软的方面，与现代化相关的社会习惯和国家治理能力等还有不足。这些因素加起来，证明我们对自己是最大发展中国家的这一定位符合事实。

除了符合基本国情，这样的定位也符合中国的国家利益。美国罔顾事实基础，想把我们定位为发达国家，目的是要中国承担更多的义务和责任。我们当然会有所承担，但要承担跟自身能力与地位匹配的国际义务，同时抵制那些明显不合理的要求。

当今世界的大多数国家都是发展中国家，真正进入发达国家行列的就是以欧、美、日为代表的几个国家或地区，发达国家和地区的人口加起来占不到全球总人口的15%，不发达国家和地区人口比例占到85%。在此背景下，中国把自己定位为发展中国家不仅符合事实，在政治上也具有合理性，代表性也更强。

中华人民共和国成立69年来，我们的工业化总体是成功的，虽然还没有彻底完成，但一直都在爬着坡往上走，尤其是过去40年来，以市场化改革为动力的现代化大大提高了效率。中国原本就有的规模，加上工业化、市场化取得的一定成就，使中国确实具备了从发展中国家转向发达国家的可能性，这个不能否认。

有些学者据此提出，中国的国际身份具有了双重性，兼具发达国家和发展中国家的特性。作为一种学术观点，这也无可厚非。但在这种双重性中总得有所侧重，尤其在国家政策制定过程中，需要有对自身的基本定性。目前而言，更合理或占主导地位的定性，当然还是发展中国家这个现实情况。

近年来，中国在外交层面的进取心明显变强了。过去中国的被动反应居多，现在更多地表现为积极进取，在国际上很活跃。这种活跃引发了一些疑虑或议论，但必须说清楚的是，这也是由客观条件决定的。其一，中国是发展中国家，但它是"最大"的发展中国家，仅是物理体量就决定了我们在广大发展中国家中的影响会比较大，其他国家对我们的期待很高。这决定了中国不得不承担较之一般发展中国家更大一点的责任，这个回避不了。其二，过去很长一段时间，美国也希望中国帮它分担一些国际责任。尤其是在2008年国际金融危机以后，美国曾提出G2的概念，说明它自己挺不住了。

在此背景下，中国外交比以前活跃了。发展中国家对中国的外交表现总体挺满意的，对中国在国际舞台上发挥的积极作用感到高兴，但发达国家的心理却变矛盾了。原来它们要中国多承担责任，但一旦中国按照它们说的去承担了，它们又有点"叶公好龙"，被中国展示出来的能力吓一跳。

这就是现在中国国际表现的背景。第一，无论是发展中国家还是发达国家，客观上都对中国有期待。发展中国家希望中国在其国内发展和国际环境上多帮它们一点，发达国家希望中国多帮它们承担国际责任。第二，从国家利益角度来说，中国自己也需要在外交上活跃一点，因为我们需要与其他国家在市场化原则基础上，建立更紧密的产业合作。第三，中国近年来的海外利益日益增多，需要加以保护。第四，国际治理出现赤字。原来主要是美欧提供国际治理的方案和资源，但现在美欧都不愿意了，欧洲有心无力，美国则是有力无心，变得小气，因此国际治理供给层面出了问题。供给减少，需求却在上升，比如气候变化、自然灾害频率增多、网络世界带来新的问题等新议题显著增多。两相对比，国际治理赤字明显加剧。这种情况下，中国作为负责任的大国不得不多做一点。

多种原因叠加导致中国虽然在定位上仍是发展中国家，但又得在国际事务，特别是全球治理当中发挥一些领导作用。但正因为是发展中国家，我们在全球治理中是相当谨慎的。比如网上一直有人说中国在对外援助上花钱太多。然而实际上，从对外援助占GDP比例来看，中国和其他大部分国家相比并不高，欧洲国家占比最高，美国也比中国高很多，中国基本上是在量力而行。中国的外交虽然变得积极，但不激进，始终是基于最大发展中国家的这个身份。

一个国家的定位由两方面构成，一是自我定位，二是国际上对其看法。我们不太清楚十年之后情况如何，但至少现在，我们对自己的认定是发展中国家，而大部分国际社会成员对此也是认可的。

贸易问题中国有"三张王牌"[*]

在贸易问题上中国其实不怕美国。笔者和几位学者推演过，贸易战最好不打，因为结果会两败俱伤；但如果真打，中国会赢，这是很多人可能想不到的，特朗普自己可能都没想到。

美国总统特朗普，估计美国精英也一样，都认为在贸易战问题上，基本事实对美国有利。2017年中美之间有约5300亿美元的货物贸易，按照他们的说法，美国只卖给中国1500亿美元的货物，他们觉得亏大了，总是说中国多赚了美国3760多亿美元，所以觉得打贸易战中国损失会更大。

但事实不是这样的，他们把自己欺骗了。实际情况是，美国确实直接卖给中国1500亿美元的货物，但是通过中国港澳台地区，美国以转口贸易的形式间接卖给中国的还有1000亿美元的货物，这部分货物特朗普没有算进去。而中国通过港澳台等地区

---

[*] 本文原题为《中国有三张王牌打赢贸易战》，刊于《环球时报》2019年5月12日，收入本书时有所修订。

卖给美国的货物他算进去了，采取的是双重标准，理由还很正式——"原产地原则"。只不过原产地在中国的商品他都算进去了，但经过中国港澳台等地区卖出去的商品，特朗普就把这些地方只看成中转站；而原产地在美国的商品，他就把中国港澳台等地区看成赚取差价的"中间商"，再卖给谁他就不管了。所以这个统计账，从一开始美国就少给自己算了1000亿美元。2017年中美的商品贸易，中国卖给美国5300亿美元（的商品），这确实没错，但美国卖给中国其实是2500亿美元（的商品）。

而且，贸易不光是商品贸易，还有服务贸易。中美2017年的服务贸易总额是1182亿美元。但在服务贸易中，美国是547亿美元的顺差。这是什么概念？通过服务贸易，美国赚的钱基本上接近900亿美元。商品贸易2500亿美元，服务贸易900亿美元，事实上，美国2017年通过贸易在中国赚的钱有3400亿美元。中国对美服务贸易出口约300亿美元，商品贸易5300亿美元，加起来是5600亿美元。

所以，中美贸易逆差真正的差距应该是5600亿美元和3400亿美元的差值，即2200亿美元，并不是特朗普说的3760亿美元。

中国不否认这个逆差，但还有一个问题，就是中国对美出口的商品多属于加工贸易，很多商品是外国公司的，外国公司当中一多半是美国公司。像苹果手机（iPhone）就是在深圳和郑州两个基地生产，生产完成后返销美国，这都算是中国出口。实际上生产加工iPhone只能让中国企业赚一点点钱，但都算在了中国名下。

因此结论是，中美双方的贸易利益是一样的，贸易战是杀敌一千，自损一千，不是杀敌一千，自损八百。

特朗普先是吓唬中国要征500亿美元（商品的）税，然后再征1000亿美元（商品的）税，之后就开始制裁中兴了。制裁中兴相当于战场上的警告性打击，就是告诉你，你有弱点，我要全面出击你就完蛋了，希望你知难而退，打击中兴就是美国向中国发出警告。而除了征税这样的传统贸易战，美国还有个崭新的领域——用高端芯片卡中国的脖子。

但是笔者估计特朗普后来算清楚了，贸易战也就不敢打了。

美国的高端芯片确实是全世界最好的，中端芯片有韩国三星和中国台湾地区的企业，高端芯片荷兰和日本有一点，美国的高端芯片占全球的90%。但问题是高端芯片成本很高，所以必须高价卖出去。美国芯片公司卖给中国的芯片，起步价的净利润是90%，有经济知识的都知道，净利润90%，毛利润就要奔着200%去了。只有卖出很高的价钱，芯片制造商才能保持研发上的高投入，形成循环。而维持这个循环的主要是中国市场。

以高通（美国芯片制造商）为例，2017年它的芯片市场70%在中国。芯片是一种没法直接卖给消费者的商品，只能卖给电子设备生产厂家，美国芯片的厂家全部在东亚与东南亚，而且主要在中国。2017年全世界芯片市场总产值是4400亿美元，中国就占了2600亿美元。其中美国的高端芯片70%都售往中国市场。中东地区的国家使用不了那么多芯片，指望非洲、中亚、南亚、南太平洋、拉美地区都不现实。欧洲有自己的高端芯片，日本也有，所以美国高端芯片的市场全在东亚，而东亚当中，韩国、中国台湾、越南，再算上新加坡、印度，市场加起来只占到30%，实际上70%都在中国大陆。

所以如果特朗普真的彻底不把高端芯片卖给中国，美国芯片厂家会大批倒闭。芯片制造商投入很多，如果70%的市场放弃了，那是不是要倒闭？而且倒闭会发生两次，因为高端芯片制造商倒闭一定会牵连华尔街。美国股市虚高，而这个虚高主要是靠高科技股吹起来的，传统股吹不起来。所以美国的高端芯片一旦倒闭，华尔街也会被殃及。

缺乏高端芯片其实对中国影响不大，无非就是产业升级慢一点，一些特别高精尖的项目暂时开展不了，但通过各种渠道还是能够有一些高端芯片流入国内，所以关键项目也是不受影响的，一般项目会受一点影响，但那些项目可以先用中端芯片顶替。中国正好可以借这个机会发展高端芯片。

中兴事件出现以后，中国的应对就是准备用"两弹一星"精神五年解决问题。哪怕五年这个过程慢了点，但五年后肯定可以解决，这是挺好的结局。而美国一批高科技企业倒台，连带华尔街崩盘，损失更大，所以这招美国根本不会用，然后美国就没招了。但中国还有三张牌可以和美国打，两张"小王"，一张"大王"。

"小王"是什么？第一张是彻底禁止对美国出口稀土。

所有芯片都需要有色金属，有色金属的原料是稀土，中国的稀土产量占世界95%，是垄断性的。而且中国稀土工业质量很好，其他国家也有稀土，但是开采工业不如中国，产量低、质量差，环境污染比中国还严重，所以就被中国挤垮了。中国如果彻底禁止稀土向美国出口，美国很多东西都制造不出来，这会迫使美国开采自己的稀土。但不是马上就能见效的，美国对稀土的需求量太大了，开采量满足需求要好几年时间，中间有个空当期。等美国的稀土供应全面恢复，中国的高端芯片也发展起来了，都可以向外出口了。

美国国债是另一张"小王"牌。

中国持有2万亿美元美国国债，若中国在美国国债上做文章，就不得了。比如2008年金融危机，美国国债3个月卖不动，中国政府逆风而上，稳定了市场信心，美国活过来了。那时候中国要是落井下石，美国就惨了。

"大王"牌是美国公司在中国的市场。

美国在华公司进入中国早，刚刚改革开放就进来了，除了赚钱还占据了很多市场。2017年美国公司在中国市场赚的钱是3800多亿美元，比美国对华贸易赚得还多，而中国公司在美国市场只赚200多亿美元，差得很远。如果中国提出市场均等，"我没有在你那儿卖那么多，你也别在我这儿卖那么多了"，那么，以通用别克为例，2017年通用别克在中国的销售额是420亿美元，在美国本土才390亿美元，一旦中国限制通用在中国的市场——那是它最大的市场，通用的股票就跌惨了。再以苹果公司举例，2017年苹果公司在中国销售额为460亿美元，为世界第二，仅次于美国本土，这样的销售业绩让苹果公司的市值成为全球第一。但中国完全可以下手将苹果公司的市场彻底打掉。现在其他国家的手机在美国售卖必须装 GPS，那中国就可以要求苹果手机安装北斗，不装不让卖，很简单。

这三张王牌一点也不夸张。

美国现在是又焦虑又傲慢。这三张牌需要美国人的配合，特别是现在美国气势汹汹的民族主义情绪上来会对中国很有利。

美国企业如果失掉中国市场，中国方面受损失的主要是中国的买办、代理人之类，而不是普通工人。中国有 14 亿人口，如果 12 亿人"火大"了，剩下 2 亿人也没问题，相关的政策能够很顺利地推行。比如说，中国传统蜂花之类的企业可以替代美国的宝洁，因此中国想要处理美国企业其实也很简单，美企一旦失掉中国市场，贬值了，中国国内企业可以并购，并购完成后继续生产，人员之类的继续保留。

此外，中国可能在一些产业上更开放一点，像保险、金融、医疗等行业。汽车行业可以再降点关税，电商给美国企业一点点（市场）份额，电影市场可能也会再开放一点。

中国在尊重知识产权方面也可以再多做一点工作。我们领导人有过相关承诺，这方面动作还可以再大一点，把知识产权保护做得好一些，还有继续变好的余地。中国肯定要尽量地将自己的行为合理化，所以要尽量向全球化、自由贸易、多边秩序靠拢，把美国向反全球化、保护主义、单边主义上靠。美国当然也看到了这一点，因此双方都要强调旗帜。但因为美国现在是四处出击，不光针对中国，也针对其他国家，所以中国的说法有合理性，或多或少会让中国的行为更容易被世界接受。

但是应该这么说，我们也不能太指望中欧联手。欧洲跟美国的矛盾属于家里人吵架，中国则彻底是外人。就好像欧美是姐妹俩、兄弟俩，吵架太正常了，但是不影响他们的血缘关系，再吵他们也是一家人。中国毕竟是外人，所以别指望中欧联手，贸易问题中国就是要靠自己，欧洲不落井下石已经很好了。

但是我们要把自己的行为和比较普遍被国际接受的观念结合起来，这是聪明的做法。只是对效果不要太期待，能让其他国家不太好反驳我们的行为和观点，不跟着美国一起，就非常好了。

和美国打这盘"棋战",中国有十八招[*]

过去一年多,美方始终是进攻方,中国是防守方。2017年年底至2018年年初,美国公布了五份报告,包括四年一度的2018年《美国国家安全战略报告》,《国防战略报告》《核态势评估报告》《国情咨文》和《全球威胁评估报告》。这五份报告的共同特点是,将中国定位为美国的主要战略竞争对手。美国认为,过去十几年美国以打击恐怖主义为主,现在应以大国竞争为第一要务。美国视俄罗斯和中国为两个大国竞争对手,其中,俄罗斯并非其长期对手,因为从长远看,俄国经济已经掉到"资源陷阱"中了。2015年,石油、天然气出口量占俄罗斯对外出口总量的81%,占国家财政收入的51%。因此,美国眼中的长期对手只有中国。

---

[*] 本文为2019年6月23日金灿荣教授应邀出席134期文汇讲堂,主讲《百年未有之变局下的中国外交》的部分内容,收入本书时有所修订。

在这样的指导思想下，2018年3月美国发起了对华经贸摩擦，2019年5月，美国单方面升级了经贸摩擦。接着如大家所看到的，美国开始向中国出"组合拳"，重点打击中兴、华为等中国科技企业。美国还从金融，中国台湾、中国香港问题，南海问题等多方面打击中国，甚至扰乱中国的"一带一路"建设。例如，美国得知缅甸与中国签订了许多合同后，特意派遣律师团前往缅甸，假借免费帮助缅甸审查合同的名义，意图破坏中缅合作关系。

打好与美国的这盘"棋战"，中国具有18个现实和潜在的战术优势。

我认为，中美之间既不要热战，也不要冷战，而是要打"棋战"。所谓"棋战"，就是明确告诉对方中国的现实和潜在实力，帮助美国衡量利害关系，促成中美恢复谈判。

中国现在是防守方，过去一年，中国对美国非常礼貌，但这并非软弱。仔细梳理会发现，我们有诸多潜在的战术优势点，重点体现在18个方面。

一是转口贸易。海关数据显示，中国对美直接出口额4300亿美元，但是美方坚持说中国对美出口5700多亿美元，美方将通过中国港澳台地区转口的1400多亿美元算到中国大陆名下了，而美国计算其对华出口是只算1300亿美元的直接出口，通过中国港澳台地区的数百亿美元不计算在内。因此美国对华转口贸易部分可以列入潜在加税清单。

二是服务贸易。美国在这方面是顺差，美国在中国获取近

1000亿美元,中国仅获取美国300亿美元。

三是澳门博彩业。一张澳门博彩业许可证就意味着一年近100亿美元的收入。1999年前,两张澳门博彩业许可证在华人手上,之后,两张变成六张,其中三张由美国人掌握。如果将其收回转给其他企业经营呢?

四是对等列出美国不可靠企业负面清单。

五是供应链。中国同样也有垄断的产品,例如稀土。多年前,中国科学院院士就已研制出新工艺——从稀土中一次性提炼出17种稀有金属的方法。中国在稀土提炼工艺方面领先世界。另外,美国医药业85%的基础原料由中国提供。美国国防部的评估表明,美国有19种常规金属对中国的依赖超过50%,有14种依赖超过30%。

六是中国市场。2018年,美国在华企业的销售额为3800多亿美元,中国在美国的分公司销售额为300多亿美元。如果其旗舰产业苹果和通用销售额受到影响,就必然会影响美国股市。美国企业80%的融资依靠股市,20%依靠银行(中国企业90%的融资依靠银行,只有10%依靠股市)。按照美国人的说法,中国股市崩盘相当于从二楼跳楼,可能会崴脚,但没有生命危险;而美国股市崩盘等于从五十楼跳楼,必死无疑。另外,美国的化妆品主要根据欧美女性设计,不像上海蜂花等中国本土化妆品,既符合中国女性需要,价格又实惠。如果经贸摩擦继续升级,必然会影响这些美国企业在华的利益。

七是加速推动互联网协议第六版(IPV6)。目前基本框架是第四版（IPV4），完全由美国主导，而IPV6是由中、美、欧三方均衡主导。

八是5G提速。

九是扩大期货市场。2018年上海开辟了石油期货市场，大连开通了铁矿石期货，运作一年，结果非常出众。现在，煤炭、天然气、铜、铝等货物也可以开辟期货市场。

十是加快中国和一些国家的自贸区（FTA）谈判。中国目前已与17个国家和集团进行了FTA洽谈，可以加快这一进程，大幅增加贸易伙伴。

十一是加快中日韩自贸区谈判。2019年，中国GDP总量接近15万亿美元，日本5万亿美元，韩国2万亿美元，三国的GDP总和超过美国。

十二是加速建立区域全面经济伙伴关系（RCEP），目前参加的国家有东盟十国加上中、日、韩、印度、澳大利亚、新西兰等。

十三是中国可以与日本商议加入"全面与进步跨太平洋伙伴关系协定"（CPTPP）。原本"跨太平洋伙伴关系协定"（TPP）是美、日用于对抗中国的举措，但特朗普总统上台后第二天就退出了这一协议，日本主导了11国加入的CPTPP于2018年12月30日生效。这对于中国来说未尝不是机会。

十四是加速湄公河区域开发。

十五是加速人民币货币互换。目前，人民币与外币互换总额为3万多亿美元，还有许多国家想同中国互换，因为人民币比较稳定，吸引力上升。

十六是中国可以要求与石油生产国在未来的结算中，使用一定比例的人民币。过去，美元与石油挂钩，用石油来稳定美元。需要注意的是，美国已不再是石油进口国，目前只有中国是石油进口大国。中国可以利用垄断性地位与之谈判。我个人建议从沙特阿拉伯开始商谈，1%的结算用人民币支付。同样，他们也可以用人民币购买中国产品。

十七是加速跳出美元结算体系。当前，全世界贸易的85%左右还是用美元结算，欧洲、中国、俄罗斯都在考虑建立一个新的结算系统。中国应当联合俄罗斯和其他欧洲国家这两方，并把印度也纳入其中。

十八是中国有巨量的美国国债和公司债券，具有影响美国股市和债市的能力。

当然，中国的潜在优势还有不少，以上18个方面是比较成熟的潜在优势，虽然未必都会启用，但必须让美国人清晰地知晓它们的存在。

促使恢复中美经贸商谈，中国在战略上有7个潜在优势。

第一，扩大国内市场。目前中国对国际市场的依赖比较重，要提高国内市场第一次分配中劳动所占的份额。我们在第一次分配中，资本获得58%，劳动收入获得42%。因此，我们可以计划在三年内，将第一次分配中劳动所占比例从42%提高至50%，之后根据条件提高至55%。2019年，中国国内零售总额超过美国，位居世界第一，已经成为世界上最大的国内市场。因此，我建议借此机会扩大中国国内市场。

第二，改革进入深水区，需要调整利益结构。美国的外来压力正好成为中国改革的动力。

第三，进一步推动中国正在实行的扩大开放。美国高通最新的数据显示，2018年，中国对美关税增加至20％以上，但对别的国家已经大幅降至6.5％，在发展中国家中关税是最低的。关税降到5％就和发达国家的标准相同了，6.5％已经很接近发达国家了，远远低于印度、巴西等金砖国家。中国现在虽然处于贸易摩擦时期，但外商直接投资（FDI）仍然在增加。

第四，提升产业等级。尽管中国也有自己的半导体产业，也能开发出一些芯片，但是过去中国企业大量购买进口产品。当前，在美国限制出售芯片的情况下，中国可以借此大力提升产业等级，未来实现摆脱对美国的芯片依赖，这必将重创美国芯片制造企业。

第五，适当减少与美国在某些地区和全球问题上的战略合作。

第六，优化战略组合。经历中美经贸摩擦，我们非常清楚各国的态度和立场，明白哪些国家对中国友好，哪些是机会分子。

第七，加速军事建设（准备）。现在看来，美国对中国的打击是恒定的，除贸易问题外，美国也会从其他方面对中国下手。

中美关系决定整个 21 世纪人类的命运[*]

中美关系已经成为世界上最复杂且最重要的一对双边关系，两国之间既有竞争又有合作，既有结构性对抗又有利益捆绑，同时易受第三方因素影响。理解两国互动所蕴涵的这种复杂性并把握其动态特征，对于应对未来中美关系所面临的挑战和机遇至关重要。21 世纪以来，中国的快速崛起以及随之而来的中美实力变化动摇了中美战略稳定的基础，美国的对华政策出现摇摆，双边关系在传统竞争领域之外还面临着新领域、新问题的竞争与摩擦，中美关系的不确定性增大。但这些挑战中也蕴涵了有利于未来发展的巨大机遇。中美两国的主体性特征、时代条件和历史条件是双方走出"守成国家与新兴大国必有一战"历史逻辑的基础。未来中国对美国外交将在不断创新的同时保持一贯性、连续

---

[*] 本文源于"政委灿荣"公众号 2018 年 10 月 1 日内容，原文为金灿荣、李燕燕《中美安全战略博弈中的历史与战略稳定性》，刊于《国际安全研究》2017 年第 2 期，收入本书时有所修订。

性和稳定性。中国安全战略的首要任务将是把握机遇，以自我发展为核心，沉着应对周边局势，积极扩大外交布局并承担国际责任。在创造有利的国内国际环境的基础上，加强中美合作，管控危机，促进中美共同利益，通过建立功能性伙伴关系走上共同演进之路。

一　中美关系的总体特征

自20世纪70年代初中美关系解冻以来，国际格局发生巨变、国际力量对比发生根本性变化，这也是中美关系产生重大而深刻变化的四十多年。中美两国在战略、政治、经济、社会和文化等诸多领域互相依赖、彼此合作又相互竞争，形成了世界上最为复杂又极其重要的一对双边关系，理解两国互动所蕴涵的复杂性并把握其动态特征对于处理未来中美关系所面临的挑战和机遇至关重要。

（一）中美关系在当今中国外交中的地位

美国因素在中国外交中占有重要的地位，这是由美国强大的实力、影响力和主导国际体系的能力决定的。同时，作为多极世界中重要的一支力量，中国与美国已经形成利益捆绑与竞争关系，"树欲静而风不止"，中国的海外利益维护、影响力的发挥、国家安全的保障都绕不开美国。近年来，中国外交注重经营周边，积极拓展"全方位外交"，但中国加强与其他国家的联系与对美外交之间有着不容忽视的重要联系。其原因在于：

1. 国家层面：中美关系是中国外交最大的难题

回顾中美关系的发展历史，我们会发现，就双边关系而言，中美两国之间是一种不对称的关系。中国对美国对外政策的影响极为有限，而美国是近代以来对中国对外政策影响最大的国家。在一定程度上，中国近现代史与中美关系史的发展轨迹是几近平行的。这使得美国因素对中国的国内国外决策产生重要影响。就国内而言，维护和扩展国家利益是中国对外政策和外交工作的重要准则，中国尤为关注美国因素对中国政府维护政权的合法性、维护国内秩序的影响；就国外而言，美国因素是中国外交布局上的重要考量。大国外交、周边外交、发展中国家外交和多边国际组织外交共同构成了中国外交的四根支柱。在这其中，中美关系在整个中国外交布局中意义重大。这是因为，中美关系的好坏在很大程度上取决于美国，中国发展中美关系的诚意毋庸置疑，而美国掌握中美关系更多的主动权。美国对中国的外交关系施加更大的影响，具体表现在：在中国周边外交中，美国常以弱小国家庇护者或平衡者身份对中国形成掣肘，美国的态度和行为影响中国周边国家的对华政策；另外，美国是当前最重要的国际组织（世界银行、国际货币基金组织等）的主导国，中国参与其中并在这些国际组织中发挥作用都绕不开美国。

2. 体系层面：美国是中国外交最大的外部因素

国际秩序可以分为两个层面的秩序："第一秩序"是指大的

地缘政治格局形成的秩序,"第二秩序"是指受此影响的各国国内政策选择。从第一秩序来说,冷战结束后形成的"一超多强"秩序在全球金融危机后遭遇挑战,以中国为代表的新兴国家群体崛起。从经济总量来看,中美经济领跑全球,中美两国与欧、日、俄、印等国家和地区的经济差距日益增大。从发展前景来看,尽管中国面临产能过剩、有效供给不足、区域发展不平衡和经济出现下行压力等挑战,但总体上中国经济仍然保持健康稳定发展。

与之相比,日本虽然从经济实力上仍然是多强中的一强,但体量更大的中国很容易发挥后发优势超越日本。从根本上说,日本与英、德等国都属于保罗·肯尼迪（Paul Kennedy）所说的"中等强国"（the middle powers）,无法与中美等国相提并论。首先,日本的产业已丧失了全球竞争力。第二次世界大战结束后,发展钢铁生产是日本的基本国策。而半导体被视为"工业的基础",所以日本政府也大力推动半导体产业的发展。日本的这两大产业都曾雄踞世界顶端,但以后再也没出现过日本主导发展起来的产业。日本政府没有能力也没有意愿来描绘未来的愿景。其次,日本曾经在技术上领先中国,但这只是一种脆弱的优势,中国具有超强的学习能力,改革开放后中国迅速在技术上拉平日本。一旦技术上拉平,中日之间的竞争将由规模来决定。而中国的工业化具有规模巨大、门类全面、体系完整的特点,是全能型冠军,在这种情况下,中国赶超日本成为必然。

欧洲国家近些年来同样面临多重挑战:一是欧洲一体化带来

的负面效应，缺乏竞争优势的劳动者在外部竞争加强的压力下面临困境，英国脱欧成为2016年最大的"黑天鹅"事件之一，这必将对欧洲一体化进程产生重大影响。欧洲自由贸易进程将放缓，金融监管体系将受到冲击，甚至欧盟经济增长也会受到拖累；二是金融危机和债务危机恶化了经济形势；三是来自中东北非和东南欧洲的"难民潮"激化了社会矛盾。未来欧洲发展的首要任务是聚焦社会治理，中欧关系将面临深化合作和构建全新双边关系的机遇，中国可以通过投资和金融合作"锁定"中欧战略关系，增强中欧之间要素流动的广度和深度，为建立亚欧大市场奠定坚实基础。

俄罗斯的问题则在于，国内市场经济发展不完善，经济结构不合理，经济增长过度依赖能源，是一个"单一作物经济体"（one-crop economy）。从社会结构看，俄罗斯面临的最大问题是人口出生率过低，2016年人口增长率是-0.06%。目前，中俄建立了全面战略伙伴关系，中俄经济的互补性有利于提高双方的务实合作，发展稳定的双边关系。

从以上分析可以看出，当前国际政治格局中的主要强国，或面临国内危机自顾不暇，或发展前景和潜力不可与中国同日而语，从长期来看，中国将在未来的安全战略博弈中保持更大优势。而中美关系则与此不同。作为世界上最大的两个经济体，中美两国的综合实力差距正在逐年缩小。据世界银行测算，2015年，美国国内生产总值（GDP）为17.9万亿美元，中国则达到10.8万亿美元，中国的经济增长不仅在量上增长迅速，质上也有了突破性提高。世界知识产权组织（WIPO）发布报告称，2015年中国专利申请总数首次在单一年度内超过100万件，这一数量几乎是排名第二、三、四位的美国、日本、韩国的总和。随着中美两国实力水平的接近，利益互相冲突的增加，两国间的竞争也将进一步加剧。例如，在安全方面，特朗普竞选期间就宣称要停止削减军费预算并大幅增加美军舰船数量，尽管就目前而言，特朗普的这一计划能否成功受制于其能否在重振美国经济前提下确保有足够的资金保持预算扩大军备，但未来在安全方面中国需要提防美国军队继续在南海制造事端，另外不可忽视的一个问题是美国还有可能会在"实力求和平"的战略目标下纵容日本发展军备，增加自主空间，从而增加中国在东亚地区的战略压力。

总而言之，中美关系如何定位是目前最大的难题，中国和美国将主导未来几十年的国际体系，中美关系是21世纪国际关系的决定性因素。中美关系和则两利，斗则两伤。如果中美两国陷入地缘斗争、军备竞赛或是零和对抗，那么全球体系的和平与稳定将岌岌可危。中美若能求同存异，并在经济、政治和安全合作领域找到更广泛的共同语言，那么亚洲乃至全球和平与稳定的前景都将得到增强。

（二）中美关系：竞争且合作与重要又复杂

从历史上来看，中美关系历经风云变幻，从敌视、对抗到缓和、合作，其中突发性冲突与摩擦时有发生。但是，中美两国谁也离不开谁,历史学家尼尔·弗格森(Niall Ferguson)将中美之间互相依存、不可分割的关系称之为"中美国"(Chimerica)。如何客观看待彼此,对中美两国的精英与民众来说都是困难的,人们彼此欣赏,又对对方心怀忧虑。2016年美国皮尤(PEW)调查的一项数据说明,54%的中国民众认为美国在阻碍中国的崛起,而37%的美国民众认为,中国的军力增强令其担忧。这种复杂心态,归根结底是由中美关系的特殊性所决定的。

1. 中美两国关系是一对竞争又合作的关系

如今的中美关系不同于过去美国与其他强国的关系。冷战时期,美苏关系以竞争为主,除了在军控方面保持脆弱的平衡之外,两国间的合作很少;现在的日美关系尽管在贸易、防务等领域存在分歧与矛盾,但两国之间是一对牢固的盟友关系,双方仍然以合作为主;中美关系介于两者之间,既竞争又合作,沈大伟(David Shambaugh)将其称为"竞合关系"(coopetition),但最近合作与竞争的平衡正在从前者向后者转移。特朗普上任后,中美关系可能会产生更多变数,美国的对华政策会出现一定调整,未来美国可能会在经贸方面制造摩擦,在中国台湾问题上越界,在南海问题上获取某种优势及以朝核问题对中国施压。但是,中国台湾和南海问题涉及中国核心利益,特朗普会认识到中国底线所在;贸易摩擦是双输战略,无益于特朗普的"让美国再次强大"战略,朝核问题是挑战也是机遇,很可能成为中美合作的重要内容,因此,中美关系有很大的反复性,同时又有很强的韧性，所以过去我们经常说中美关系好不到哪里去，也坏不到哪里去；但现在有学者提出，从现在到中国超过美国成为世界第一大经济体的几年间，中美间会存在一个相互适应期，中美关系要么好起来，要么坏下去；要么深入开展合作，要么走向战略竞争。中美之间存在冲突性因素，甚至有学者将中美这种既非冷战也非"热战"的关系称之为"凉战"。

2. 中美关系是一对重要又复杂的双边关系

就其重要性而言，正如上文所述，在某种程度上说，中美关系决定整个21世纪人类的命运，正所谓牵一发而动全身，不可不谨慎。就其复杂性而言，一方面，中美之间经济上高度相互依存，2015年中国对美国进出口总额超过加拿大，成为美国最大的贸易伙伴国；另一方面，中美两国在军事上、战略上互相视对方为竞争对手，在人类近代史上很少有这么复杂的关系。

从结构性特征来看，两国的战略利益具有对抗性和冲突性。冷战结束后，美国成为世界上唯一的超级大国，拥有无可挑战的霸主地位，属于守成大国。而中国在改革开放和"入世"推动下，国内经济迅速发展，国际影响力不断提高，名义GDP总量在2010年超过日本，成为世界第二大经济体，属于异军突起的新兴国家。中美这种守成国家和新兴国家的关系决定双方的战略利益在很大程度上是冲突性的。不仅如此，除了地缘政治与经济冲突，中美两国还存在政治制度与意识形态冲突，中国是世界上最大的社会主义国家，美国是世界上最大的资本主义国家。从文明形态上讲,美国是西方基督教文明,中国是儒教文明,两国在文明方面存在冲突的因素。因此,与历史上的"修昔底德陷阱"相比,中美两国间关系要更加复杂。

(三)中美关系:结构性对抗与利益捆绑

中美之间的结构性对抗来自中美两国实力变化所带来的客观结果。结构性矛盾具体表现在四个方面:崛起大国与霸权国之间的矛盾、地缘政治矛盾、政治制度和意识形态矛盾以及中国台湾问题。但与此同时,中美之间存在共同利益和全球利益,经济上相互依存,国际上相互联系,安全上面临共同威胁。中美两国开展多领域合作,取得了显著成果,例如,双方共同打击恐怖主义,防止世界经济出现问题,维护全球金融秩序稳定,防止埃博拉病毒扩散,共同应对全球气候变化等等。《赫芬顿邮报》(*The Huffington Post*)曾将中美这种复杂关系比作19世纪时期的"权宜婚姻"(marriage of convenience):双方基于共同的利益而有必要结合在一起,即便互不喜欢也不得不维持双方关系。

(四)中美关系发展受到诸多第三方因素干扰

回顾中美关系的发展历程,不难看出,中美关系在结构上是一种"外力推动型"关系,两国关系的起伏经常取决于有什么样的"第三者"的存在,双边关系一直在这种变化中相互调适。抗日战争时期,为反击日本法西斯侵略,中美形成了共同阵线;冷战时期,为共同应对苏联的威胁,中美之间建立了"心照不宣的同盟"；冷战结束后，两国战略合作的基础则建立在共同打击恐怖主义上，第三方因素成为两国建立密切关系的"黏合剂"，但第三方因素却也对中美关系产生干扰。朝鲜战争的爆发曾使中美两国陷入近二十年的敌对，而近年来中美之间的战略博弈，很大程度上受到日本、菲律宾、越南、朝鲜、伊朗和缅甸等国家的影响，中美两国与这些国家的关系经常引发双方的互相猜疑，甚至有时产生摩擦。因此，中美关系如何发展，有时候并不取决于中美自身，而受到第三方的掣肘。

影响中美关系的一个新的变化是近年来伴随中国快速发展，美国对中国未来发展意图的担忧愈发明显。当前，美国国内掀起一场自1989年以来规模最大、程度最激烈的对华政策辩论。引发辩论的一个主要观点是一些美国学者与政府官员认为，过去美国一厢情愿地认为中国经济发展会带动城市化，城市化会带来中产阶级队伍的壮大，壮大的中产阶级会要求相应的政治权利，到那时中国就会从一党执政变成美国式民主社会。因此经济和社会发展会水到渠成地促成中国的政治自由化，中国从而将变成一个没有区域或霸权野心的西方式民主和平国家，这也是一直以来美国欢迎中国成为一个"繁荣、和平、稳定"的国家的前提。但现在越来越多的美国精英认为，中国的崛起为美国带来了一个强大的竞争者和美国主导的国际体系的破坏者，中国日渐成为一个"通过削弱美国安全保障的可信度、破坏美国的联盟，最终把美国逐步赶出亚洲，并将自身打造成亚洲占主导地位的大国"，美国过去几十年奉行的对话接触政策基本失败，未来美国需要大幅改变或调整对华政策，甚至有一些极端的观点主张美国应明确抛弃对华接触，在各个领域反击或制衡中国。所以，在有关对华政策辩论中，美国对华遏制和敌对的思维有所上升。

二 中美安全战略稳定的发展机遇

进入21世纪的第二个十年，中国的快速崛起以及随之而来的中美实力变化给发展中美两国关系带来了挑战。美国显然还没有做好准备应对中国实力不断增强的影响，而中国也面临如何向世界说明中国强大起来后不会延续"国强必霸"逻辑的问题，两国间战略信任下降，双边关系面临多重挑战，除了两国关于贸易、西藏、台湾地区、人权等领域的"老"问题，双方还在亚太地区领导权、中国军事现代化、新空间领域、海洋问题、中国发展模式等问题出现新的摩擦。尽管两国之间依旧问题重重，但中美之间在文明、社会、文化等方面具有相似的主体特征，面临完全不同于过去列强争霸的时代条件，享有保持战略稳定的历史条件，这使得中美两国能够建立一种有别于过去以"对抗和冲突"为主要特征的传统大国关系模式的新型大国关系，为双方把控分歧、避免冲突奠定了必不可少的基础。

（一）老游戏新选手

第一，中美两国都是具有洲际规模的超大型国家，这意味着双方都不可能压倒性地征服对方。约翰·米尔斯海默（John

J. Mearsheimer）在《大国政治的悲剧》中指出，国际政治是大国政治，权力分配决定了大国政治模式，"一国要具备大国资格，它必须拥有在一场全面的常规战争中同世界上最强大的国家进行一次正规战斗的军事实力。"就规模而言，中美两国无论是人口数量、领土面积、自然资源、生产能力、经济规模和军事实力等硬实力因素，还是文化、艺术、社会吸引力等软实力因素，都在国际社会中首屈一指。相比历史上美国的主要竞争对手英国、德国和日本，中国和美国都是"全能型冠军"，两国谁也不能征服或彻底摧毁对方，这构成了双方战略稳定的基础。尤其是近代以来，伴随着国际政治的进化，征服变得愈加困难，"共同生存"成为当今国际社会大国政治的主要特征，对大国来说尤其如此。中美两国政府与精英都认识到，两个超大型国家爆发大规模冲突或战争对于世界来说是一场灾难，因此，即便双方出现摩擦或矛盾，双方都会尽量保持克制，避免冲突升级。

第二，不同于历史上的民族国家（nation-state），中美两国都是文明型国家（civilization-state），更具有包容性特征。"在成为民族国家之前，中国首先是一个文明实体。"与历史上由单一民族构成的德国、日本相比，中国是一个建立在儒家文明基础上的多民族国家，数千年来拥有多民族和平相处的悠久历史与丰富经验，中华文明海纳百川，极具包容性。美国则是一个建立在基督新教文明基础上的由多种族组成的多元文化国家，是不同民族和文化的"熔炉"。中美两国都是在文化交流与融合过程中发展壮大起来的，在对待文化的差异性时，更注重兼收并蓄；在进行政府治理时，更强调灵活多变，这些特质与文化种族同质性很强的民族国家截然不同。因此，中美两国的竞争，并没有像美苏争霸那样出现强硬的意识形态对抗和安全战略博弈，而是灵活多变，坚持原则的基础上又互有妥协，在处理诸如中国驻南联盟大使馆被炸、中美南海撞机事件等一些敏感事件或突发危机的过程中避免了危机升级。

第三，中美两国文化上都具有多元性，尽管两国政治制度、意识形态大为不同，但都讲求实用主义和物质主义，注重个体意识。中美两国都是多民族国家，是典型的"文明型国家"（civilizational state）而非"民族国家"（nation-state），相互宽容性很强。亚历克西斯·托克维尔（Alexis de Tocqueville）在《论美国的民主》一书中指出美国人不关心理论而偏重实践的实用主义特性，普遍爱好物质福利的物质主义特性以及坚定捍卫个人自由和民主权利的个人主义特性，正是这些特性成就了美国的强大与繁荣，并成就了美国人引以为傲的国家自豪感和优越感。同样，中国信奉的凡事可通融、可变通的处事哲学就是一种实用主义观，中国人更加重视现世生活而非将希望寄托于来世，这种物质主义观使得人们对世俗生活更加积极。中国的改革开放使得大多数民众具有一种马克斯·韦伯（Max Weber）所称的"资本主义精神"，那就是强调艰苦劳动、积极奋斗和不断追求财富，很多人认为中国人讲求集体主义，但中国哲学中激励个人奋发图强、靠自身努力改变命运的思想也是注重个体意识的体现，所以才有"王侯将相，宁有种乎""朝为田舍郎，暮登天子堂"的尊重鼓励个体奋斗的思想。而伴随着财富的扩大以及私有，个体会有强烈的意愿去影响国家对外政策，因为只有和平的外交政策才会保障个人的获利。从这个角度来讲，中美新型大国关系中，守住"不冲突、不对抗"的底线，具有牢固的民众基础。

第四，中美两国都讲求软实力，重视文化认同，强调完善自身增强吸引力和影响力。美国自诩为"山巅之城"，强调自身的道德制高点。中国则崇尚儒家的"以德服人"和道家的"无为而治"，依靠以身作则和循循善诱来影响世界，在遇到挑衅时能够保持克制，始终将国家发展和经济建设放在首位，这与霸权国家喜欢四处"秀肌肉"、依赖强制与恐吓对待弱小国家、遇到冲突时往往反应过度的行为截然不同。另外值得一提的是，中国在战术上保持有所作为的同时，还坚持战略上"韬光养晦"，保持克制。在应对美国挑衅时，除了被中国视作核心利益的台湾地区、海洋领土以及可能影响到中国政治制度合法性的问题，中国在应对国际安全挑战、全球治理等问题上总体上还是采取刺激—回应式反应，尽量避免刺激美国，这种"打太极"战略也经常让美国无计可施。

总而言之，在第一类机遇中，美国将中国视为现实社会的权力竞争者，却没有像过去的英国、日本和德国那样陷入冲突或战争，双方的游戏手法不一样，两国的竞争与过去的列强争霸迥然不同。

（二）老游戏新背景

第一个新背景是核时代条件下的"核恐怖平衡"。自人类进入核武器时代以来，核武器所具有的巨大杀伤力和破坏力，将人类战争的残酷性和毁灭性推向极致。人类对有核国家"确保相互摧毁"能力的恐惧对于制约有核国家发动战争起到重要的制约作用。冷战时期，美苏两国正是出于对对方核能力的恐惧而在处理双方矛盾和冲突时表现得格外谨慎。同样，中美都是核大国，虽然在核威慑方面是一对非对称关系，但双方都拥有足以彻底摧毁对方的核武库，同时，两国都是理性的负责任的行为体，任何一方都不会利用核武器来打破平衡或双方的"战略稳定"。

第二个背景是自冷战结束以来，全球化在广度和深度上达到前所未有的程度，并对国际体系产生了深远影响。首先，全球化时代，各国经济活动超越国界在全球范围内形成错综复杂的网络关系，全球化增强了中美两国的相互依存程度，各种利益交织，出现你中有我、我中有你的局面，双方形成一种天然的约束关系，任何针对对方的遏制或者孤立政策都会危害自己的利益。其次，伴随经济全球化而来的是治理问题的全球化，单一国家无力独自面对气候、资源、恐怖主义、疾病控制等全球挑战，必须携手合作。尽管美国总统特朗普宣布退出"跨太平洋伙伴关系协定"、要求重新修改《北美自由贸易协定》，宣称要将制造业留在美国，但是其政策目标并非是反全球化，退出全球化只是美国谋取更大利润的筹码，美国据此要求更改全球化进程中的利益分配格局，以保证在全球化中获得最大份额，因此，美国不会放弃以其为主导的全球化。

第三个背景是联合国和国际法的刚性化对大国冲突起到重要

的约束作用。首先，第二次世界大战结束以来，国际社会的制度化进程加快，国家行为日益受到联合国等国际组织和国际法的约束，越来越多的国际组织和法律法规对国家的行为具有强制性特征，国家出于对违规成本、国际信誉等原因的顾虑，经常会自愿加入某些具有强制性或约束力的国际组织。其次，在以和平发展为主题的时代，世界各国都倾向于用公开、公平、公正和更具权威的方法解决国际争端，国际组织和国际法的存在为此提供了有益的平台。对中美两国间的某些矛盾和摩擦，各种国际法和国际仲裁机构为双方的仲裁或谈判提供了解决机制与途径，国家不必诉诸武力解决冲突。例如，世界贸易组织的争端解决机制为两国的贸易反倾销诉讼、知识产权纠纷等提供了重要平台。

第四个背景是国际政治"无政府文化"的进化有利于两国间的和平发展。在亚历山大·温特（Alexander Wendt）看来，国际政治的无政府状态下有霍布斯式、洛克式、康德式三种不同的无政府文化，与之相对应的是体系中大国间的相互关系分别为"敌人""竞争对手"和"朋友"。从国际关系发展史来看，美国自第一次世界大战开始后介入国际事务，倡导去殖民地化，倡导法治，说服各国通过和平方式抢占世界市场份额，通过技术创新扩大市场，实现繁荣，这无疑对于国际政治从霍布斯式无政府文化逐步转变为洛克式无政府文化起到了重要的推动作用。第二次世界大战结束时，美国的国内生产总值（GDP）占世界GDP总量的一半，但它依然建立起开放的经济秩序，让其他国家得以繁荣发展并参与竞争。第二次世界大战后，美国主导与推动了欧洲复兴和繁荣，同时在全球范围内推动了一系列有利于维持和平与发展的国际组织和国际制度。正是在洛克式无政府文化下，世界各国越来越将重心转移到经济发展和社会进步而非领土争夺上，总体和平的国际环境为全球经济繁荣创造了前提条件。在这一过程中的典型案例是日本在明治维新后的两次崛起。第一次是第二次世界大战之前，日本学习西方列强抢占周边地盘，侵略中国、朝鲜等国，掠夺中国台湾地区，还伺机征服亚洲大陆建立"大东亚共荣圈"，但因遭到美国的惩罚而最终失败。日本的第二次崛起则发生在洛克式无政府文化下，通过市场经济和法治力量，日本不断扩大在亚洲和全球的市场份额，实现了从士兵到优秀工程师的转变。因此，第二次世界大战后美国倡导建立的国际社会总体来说是和平、开放和公平的，同样，中国的改革开放实质上也受益于这一和平的国际环境。毋庸置疑的是，中国的未来发展也必然以支持并维护这一环境为目的，中国没有理由去破坏或改变这一环境。

（三）中美关系中的历史遗产

自1972年尼克松访华到现在，中美两国共同经历了冷战的结束和双边关系的突破，并逐渐发展成为世界上最重要、最具复合性的一对双边关系，四十多年来，中美两国关系为双方进一步开展合作提供了五个历史遗产。

第一，中美两国经济上相互依存。据美国商务部统计，中国是美国的第一大商品进口国和第三大商品出口国，2015年，美国与中国双边货物进出口额为5980.7亿美元,中国商品对美国进口额度占美国进口总额的21.5%,2007年到2015年,美国的对华直接投资(FDI)年均增长12.2%,2015年FDI总额达到1117亿美元。中国对美国直接投资虽然数量上低于美国对华直接投资,但是近些年增长迅速,2015年对美FDI从2014年的119亿美元增长到150亿美元,增幅达25.8%。同样,美国也是中国第一大贸易伙伴,截至2016年9月,中国持有美国1.15万亿美元债券,是最大的美国国债持有者。甚至有人将中美两国间的资金相互依赖现象称作"金融恐怖平衡"(the balance of financial terror)。在某种程度上,经济上的相互依赖已经使中美两国发展成一对"命运共同体"。因此,尽管美国新任总统特朗普在竞选期间鼓吹要在当选后将中国列为"汇率操纵国",并大幅提高关税。因此,未来虽不排除中美关系会因贸易问题受到影响,但是,特朗普也应该认识到,将中国作为贸易惩罚的目标并不符合美国利益,在全球化时代,大幅提高对华贸易关税至多只是将市场转移到其他经济体中,并不必然有利于美国制造业,何况提高关税只会损害包括美国企业主和普通蓝领劳动者的生产和生活成本,而后者是特朗普的主要支持者。因此,双边密切的经济交往将继续成为中美关系的"压舱石"。尽管学术界也有人质疑贸易并不必然带来和平,甚至可能会成为冲突的根源,但相互依赖至少使得战争更具有毁灭性,因而相互依赖缓解了人们发生冲突的冲动,成为促进和平的主要力量。

第二,中国和美国存在广泛的社会和人际往来。"国之交在于民相亲",文化与人员交流可以缓解国家间的紧张关系并促进互信。目前,包括华侨在内的美国华人大概有六百多万,与在美的犹太人数量相当,在美华人具有很深的爱国情结,他们成为中美之间特殊的黏合剂。中美两国间大量的次国家行为体省(州)和城市还结成二百多对姐妹省(州)和姐妹城市关系,这在一般国家是没有的,中美直接接触非常深入。不仅如此,两国人员往来密切,2015年,两国人员往来达到475万人次,2016年前三季度,中美两国日均往来人数达1.4万人,中国赴美游客人数比上一年同期增加15.7%,美国来华游客增长7.3%。中国游客带来的直接就业机会4.5万个,间接就业机会23万个,而2016年11月美国新增非农就业人数尚不足20万。另外,中美两国还互相举办中(美)国年、旅游年等活动。在一定程度上,人员往来与交流已经独立于两国间的政治经济关系,并成为制约政治经济摩擦的"稳压器"。中美人文交流已经与政治互信、经贸合作共同构成了中美新型大国关系的三大支柱,这为两国关系的长期可持续性提供了重要的民心保障。

第三,在全球治理问题上,中美两国共同应对了很多挑战,形成了良好的合作机制。近些年来,中美两国在全球范围内开展合作的范围、领域进一步深化。除了在反恐问题上开展合作之外,中美两国在伊朗核项目"5+1"谈判、朝鲜无核化问题等国际合作中取得成效。2014年,两国签署《中美气候变化联合声明》,这一声明打破了几十年来各国为应对气候变化努力达成有效的全球协议上所面临的僵局,中美的合作还为两国主导起草巴黎气候变化大会《巴黎协定》做出重要贡献。总体来说,中美双方在参与全球治理过程中"达成了一定的共识、积累了深厚的合作基础以及彼此打交道的丰富经验",这意味着中美"确立一个更加稳定、可靠的良性互动架构,开创一种新型大国关系模式,是可能的和可行的"。

第四,回顾中美两国和解之初,不难发现,应对苏联威胁这一战略利益只是促成了中美关系的缓和,中美关系正常化则是与中国确定改革开放联系在一起的。邓小平同志将处理对美关系与中国的现代化进程结合在一起,将建立稳定和平的中美关系视为中国实现富强的首要外部条件。基于这一判断,自以邓小平为核心的党中央第二代领导集体开始,关于中国发展的战略选择都是一脉相承的,那就是不试图挑战现行国际秩序的权威,选择在现行国际体系内发展,这一决策为中美双赢与合作创造了前提条件。

中国的崛起正是在现行国际体系内实现的,因此,中国是现行国际体系的支持者、参与者、建设者和贡献者。中国的崛起对于亚洲地区的国际秩序是一个新的变量,但这并不是说中国就是一个革命者,要主导建立一个以中国为中心的亚洲秩序。实际上,中国维护联合国安理会权威,维护国际法,维护自由开放的国际贸易体系。

第五,中美建立了卓有成效的对话机制。中美两国已有上百个对话交流机制,两国高级官员之间保持了密切的沟通,彼此之间的联系甚至超过了美国与其盟友的联系。尤其是2009年两国在中美战略对话与中美战略经济对话基础上建立的中美战略与经济对话已经成为两国间规格最高、内容最丰富的对话机制。这些对话机制为双方提供了交流的平台，有利于双方加深了解，减少信息不对称、管控分歧，控制冲突。

总而言之，中美两国近些年的双边关系出现复杂化的特征，双方竞争加剧，在一些方面甚至出现了双方矛盾和分歧的螺旋式上升，而且美国新总统的上任很可能会给中美关系增加变数，但是因为上述机遇的存在，中美关系的总体框架不会发生大的变化，合作依然是中美关系的主流。2017年2月17日，外交部部长王毅在德国二十国集团（G20）会议期间与美国国务卿蒂勒森会见时强调，两国元首"认为中美完全能够成为很好的合作伙伴，应在新的起点上推动两国关系取得更大发展"。这为未来中美关系发展定下良好基调。

三 中国的长期外交战略

美国新任总统特朗普没有任何从政经验，更无有关国际治理的政策阐述，未来美国的对华政策呈现不确定性。但也应该看到，美国政治体制中蕴涵一种源于改革传统的强大内在韧性，特朗普势必会对美国的政策进行调整。而对于中国而言，中国外交的长期战略在不断创新的同时也会保持一贯性、连续性和持续性。就后者来说，这一战略体现在如下方面。

（一）积极应对内部挑战

应对内部挑战是目前中国最大的难题。外交是内政的延续，中国的外交政策一直具有"内向性"特征，即外交的根本目的是维护国家政治稳定。具体表现在推动经济发展、实现现代化，维护多民族国家的统一，维护决策层的合法性等几个方面。对中国来说，尽管改革开放以来中国的经济大幅增长，但长期以来经济发展速度不平衡，仍然存在结构性矛盾和周期性问题相互交织、需求不振和产能过剩相互并存，经济持续发展的基础尚不牢固等挑战。国内问题解决不好，就会影响到中国的软硬实力发展并拖累对外力量，中国就会变成所谓的"脆弱的超级大国"。届时就如约瑟夫·奈（Joseph S. Nye）所说，唯一能遏制中国的国家是中国自己。未来，中国能否掌握中美关系的主动权，最终取决于中国的国内发展，只有以内部发展为核心，提高国内治理的质量和水平，国内社会矛盾缓解、民众生活质量改善、政府廉洁高效、实现中华民族伟大复兴的中国才能真正崛起，才能在亚太地区以及全球格局中发挥更大作用，承担更多责任并获得更深远的影响力。

（二）在不与美国直接冲突的情况下积极扩大外交布局

中国外交的核心议题是争取和平的国际环境以实现自身发展，同时以自身发展促进世界和平。从根本上说，中国的外交战略体现并契合了和平与发展这一时代主题。面对新环境与挑战，中国不再仅仅是国际秩序的参与者，而是努力成为国际秩序与国际治理体系的建构者与国际规则的制定者，同时在全球范围内进行以国家利益为准则的、宏大的"以我为主"的外交布局。首先，外交政策布局更加注重自主性与独立性。在2014年中央外事工作会议上，习近平总书记强调，外交工作"要坚持独立自主的和平外交方针，坚持把国家和民族发展放在自己力量的基点上，坚定不移走自己的路，走和平发展道路，同时决不能放弃我们的正当权益，决不能牺牲国家核心利益。"在这一思想的指导下，中国寻求在战略上"韬光养晦"，战术上"有所作为"，"一带一路"倡议、金砖国家开发银行、亚洲基础设施投资银行、东海防空识别区等一系列新概念和新举措的提出就是其体现。其次，外交政策布局体现对美国利益的尊重。"新型大国关系"的提出，就将"相互尊重"——尊重各自选择的社会制度和发展道路，尊重彼此核心利益和重大关切，求同存异，包容互鉴，共同进步——作为这一新型关系的重要内涵。不仅如此，中国反复强调对以美国为主导的现存国际体系的尊重，中国还强调中美两国具有广泛的利益和合作空间，强调世界的和平与繁荣尤其是亚太地区的和平发展离不开中美两国间的深入沟通与坦诚合作，并欢迎美国在亚太地区发挥建设性作用。

（三）扩大合作面以合作的增量淡化竞争的存量

邓小平同志说，改革是中国的第二次革命。改革开放三十多年来,中国之所以在短期内实现社会巨变而没有出现大的社会和经济动荡,最重要的原因就在于中国的改革是增量改革,而俄罗斯叶利钦的改革是存量改革。以 20 世纪国营企业改革为例,邓小平提出通过鼓励民营经济发展、搞多种经营,最终产生的示范效应和竞争压力促进了国企改革,同时由于民营企业占国民生产总值的比例逐步上升,国企改革进程中出现的社会不安定因素被控制在一定范围和程度内,没有造成大的社会动荡。而俄罗斯的休克疗法则直接造就了国家的动荡和社会制度的颠覆。

增量改革为处理中美关系提供了有益借鉴,现在中美关系的竞争性因素非常广泛,有些问题短期内无法解决,中国正试图建立一种基于共同利益的伙伴关系,在可能的情况下尽量减少影响双边关系的竞争性因素,把中美两国的合作面做大做强,中美关系稳定下来,再去解决竞争性分歧,就不会动摇双边合作的基础并引发关系恶化或动荡。

(四) 积极承担国际责任

中美两国内部对于中国是否应该积极承担国际责任的看法是一致的,但是对于中国应该承担什么样的国际责任或者承担多大程度的国际责任,则存在较大分歧。美国方面,近年来越来越多的声音要求中国履行更多义务,承担更多责任。2005 年,美国副国务卿罗伯特·佐利克 (Robert B. Zoellick) 在美中关系全国委员会上发表题为《中国向何处去——从正式成员到承担责任》的演讲,正式提出了促使中国成为国际体系中负责任的利益攸关方。尤其是 2008 年美国彼得森国际经济研究所（Peterson Institute for International Economics）所长弗雷德·伯格斯滕（C. Fred Bergsten）提出"中美共治"（G2）概念遭到中国政府拒绝后，美国相当一部分人批评中国履行的国际责任不足，而且存在"选择性"，只履行那些对中国有利的责任。中国方面，一种普遍性的观点认为中国依然是一个发展中国家，能力有限，承担国际责任是损己利人的行为，另一种观点则将美国要求中国担负国际责任的做法视作美国企图遏制中国的"阴谋论"。

不过近年来中国积极参与全球治理，在环境、气候、核安全、重大疾病、反恐和网络安全等方面加强与美国的合作。其中，中国在核安全工作中与美国合作，承担了保证地区核安全工作的责任，中美核安全合作也因此被视作中美在双边、地区和全球领域最为成功的合作领域。同样，在 2016 年举行的马拉喀什气候变化大会上，中国与美国等国就落实《巴黎协议》达成一致，这些合作有利于同美国"分担责任"，从而减轻美国对与中国"分享权力"的不满。与此同时，中国在承担责任的过程中也坚持透明公正，这对于坚持法治和程序透明的美国来说有利于增进彼此认知，减少对彼此意图的误解。

发展中美关系，重要的是拒绝零和思维，坚持互利共赢。近年来中国实力增长、产业升级以及美国的制造业回流，但总体来说，中美两国在经济上互补性大于竞争性。尤其是美国的经济增长需要大量的投资，而中国则拥有最多的外汇储备，中美两国正在进行的《中美双边投资协定》（BIT）正是实现双方优势互补的体现。BIT 的达成将有利于中国企业进入美国市场，同时有利于带动美国国内的就业和经济增长。

随着中国对美投资稳步上升，未来中国对美国公众、企业及利益集团的影响将会随之增大。如果中国在美国每个国会众议院选区都有投资，同时这些投资都能发挥良好的经济效益，为美国社会带来就业和经济增长，居民生活能够改善，普通美国民众能够分享中国经济发展的红利，那么美国民众也会欢迎中国投资，而不是将其视为"洪水猛兽"，在经济文化上形成你中有我、我中有你的"中美国"局面，就像 20 世纪 80 年代日本在美国俄亥俄州、肯塔基州大量投资汽车工业一样，丰富的就业机会能使双边紧张关系降温，并有利于改善和促进两国关系的健康积极发展。

四 中美关系新前景

中美关系的复杂性决定了中美关系的前景没有固定的答案，既不能说中美必有一战，也不能说中美必定能跳出"修昔底德陷阱"，双方能够做到和平相处；中美关系最终取决于双方的共同努力，也取决于双方领导人能否发挥主动性，抓住当前的机遇。现在双方精英层有一些共识，我们要在一些方向上共同努力，合作共赢。

在美国，以亨利·基辛格（Henry Kissinger）为代表的一些学者提出，美国应与中国共同演进（co-evolution）。基辛格认为中国的发展潜力不可限量，美国必须做出改变，以适应中国的崛起，同时中国也应该做出一些改变。具体做法是，中美需要发挥磋商传统和双边信任，共同处理好三个层面的关系：通过磋商维护两国共同利益，消除紧张，全面提升双方合作框架，共建太平洋共同体。这一思路在一部分美国精英层中很有市场。值得一提的是，"共同演进"思想虽然还未在战略层面上实施，但已经在中美两国民间有越来越多的体现。2013年，中美两国关于"虎妈现象"的讨论就是例证之一。在教育上，中美两国都在向对方学习，取长补短，这就是共同演进。在文化、饮食和流行音乐上，中美两国都在共同演进。

本文认为，未来中美两国最有可能的前景是建立功能性伙伴关系，或者是实现两国协调。所谓两国协调，源于19世纪初的欧洲协调。当时崛起的法国在拿破仑的率领下横扫欧陆，建立了庞大的帝国，欧洲国家在英国的领导下击败了拿破仑军队。战争结束后，列强在维也纳召开会议，决定以协商的方式处理欧洲重大问题。欧洲人认为，大国之间需要确立底线，也就是控制矛盾，避免兵戎相见，同时在重要问题上选择合作，实现共赢。欧洲协调体制使欧洲维持了从1815年到1914年第一次世界大战爆发前近百年的和平。

中美功能性伙伴关系与此类似。具体而言，就是说中美两国不以建立同盟关系为目的，但会在所有具有共同利益的领域加强合作。具体包括：双方共同维持地区的实力均衡；共同应对威胁人类生存的跨国问题和全球问题；通过协商方式承担关系人类可持续发展的共同责任；同时在有竞争的领域控制分歧，无论是合作还是竞争，都保持机制性的沟通，避免出现误判，增强战略互信；在此基础上，双方通过合作建立起的互信逐步扩大合作面，并最终解决两国间的深层次矛盾和争议。在这一点上，"功能性伙伴关系"与陆克文（Kevin Rudd）关于中美"同梦想共使命的建设性现实主义"建议有异曲同工之妙。要实现这一关系到两国人民未来的历史使命，需要双方领导人拥有宽广的眼界和非凡的智慧，认识到两国友好的必要，并拿出20世纪70年代初中美两国领导人那样的巨大魄力，携手合作，克服不断上升的互疑螺旋，引领中美两国共同走向繁荣与和平。

美国从全球化的推手变成了全球化的阻碍

每个时期的国际形势都有不同特点,而当前国际形势最大的特点便是不确定性。这两年实际上出现了一些让人意想不到的事,比如英国"脱欧",美国选出一个商人总统特朗普,等等。有些西方媒体把这个现象叫作"黑天鹅"现象。为什么会频繁出现"黑天鹅"现象?为什么事态的发展出现了超乎常规的一些逻辑?这些预想不到的事就意味着不确定。过去欧美很多学者经常重复一句话,说当今世界唯一确定的是不确定,这是相对而言。

比如冷战时期,有两个超级大国、两个集团,大家只能要么选边站,要么不结盟。冷战以后有20年,美国如日中天,这期间大家多数都是跟着美国跑,少数是被边缘化的。而现在的情况就复杂了,未来的走向以及美国本身的地位变得很不确定,所以

---

* 本文为金灿荣教授2018年12月1日在共青团中央青年网络公开课上的内容,收入本书时有所修订。

大家不好选边站了。相对而言，现在比冷战时期、冷战结束以后的前20年都更不确定，这是最大的特点。

这一特点有三个表现。第一，由于美国总统特朗普推行贸易保护主义，世界出现了一个现象——逆全球化。什么是全球化？全球化有很多定义，我的定义主要从经济上出发。古今中外所有的经济活动都是由三个要素构成的，劳动力、技术和资本，全球化就是让这三个经济要素跨越国界全球流动。一般来说，全球化发展得好，国家间的经济交往多了，发生摩擦的概率就会下降，大国战争的频率也会下降。因此，无论是从理论还是实践，全球化是有其好处的。过去30年全球化的推手主要是美国，但是随着美国商人总统特朗普执政，美国从全球化的推手变成了全球化的阻碍，肆意推行贸易保护主义，人们担心全球化势头是不是停止了，这便会导致其走向一个反面——逆全球化。全球化带来确定性，逆全球化当然就带来不确定。

第二，贫富分化。过去30年全球化确实带来了经济的繁荣和贸易的增长，人类的财富是增加的。但是存在一个问题，财富的分配是不平均的，每一个国家都不平均，其中也包括美国。所以美国现在出现了一个现象叫"愤怒的中产阶级"。华尔街的人赚得盆满钵满，结果中产阶级承受很多代价。

2008年国际金融危机以后，华尔街虽然是罪魁祸首，但是不仅没有受到惩罚，反而美国政府大量地补助、救助他们，付出代价的是中产阶级。中产阶级非常愤怒，所以在2010年、2011年出现了"占领华尔街"运动，这批愤怒的中产阶级说，美国不再是林肯总统讲的"民有、民治、民享"（of the people, by the people, for the people），美国是1%的人治理99%的人。这个运动后来被警察力量镇压下去了，但是社会的情绪还在，愤怒的情绪最后导致了美国社会现在出现一个政治倾向，即民粹主义。

民粹主义的英文是populism，民粹主义其实不是一个理论，它是一种情绪，是对精英阶层的所有理论、政策都不相信，认为他们全部是伪君子。在这种情况之下，就会有煽动力很强的人出现，他迎合民意，通过批评建制派、批评现有的精英阶层获得民众的支持，这便是"强人"。特朗普就是这样的一个政治强人。美国是比较有代表性的贫富分化严重的国家，因此出现了民粹主义强人政治，但是这种现象不限于美国，其他国家也有这样的情况。事实上，现在各国的贫富分化都很厉害，导致的结果都有民粹主义强人政治，表现为对原有的利益集团不太尊重，领导人凭着自己的感觉走。法国总统马克龙、印度总理莫迪，以及土耳其总统埃尔多安都和美国总统特朗普有相似之处。

因此，这是第二个不确定的表现：一个强人不太尊重现有的规则会带来不确定；民粹主义情绪是会变化的，这种情绪变动比观念变动快，也带来不确定。

第三，和网络有关的碎片化，包括利益碎片化和思想碎片化，英文叫fragmentation。网络带来了信息沟通的便利，并且发展出很多新的经济形态，如共享经济、淘宝、共享单车等。网络有其优点，但是也有缺点，网络的缺点就是让所有的网民可以在一个虚拟的、由信息构成的世界里专门寻找自己喜欢的东西。网络很容易让人上瘾，因为网络与传统信息的传递方式不一样，传统信息传递如老师讲课，其中有的信息是个人喜欢的，有的是不喜欢的，但是不喜欢的也要学。而网络不同，人们在网上可以专选自己喜欢的东西，有一种主人翁的感觉，所以很多人爱上了网络，有了网瘾。

这本身是有问题的。社会是复杂的，因此信息也是复杂的。按道理说，如果一个人要理解真实的社会，应当各种信息都接受，喜欢的和不喜欢的，这样才能够完整地了解世界。但是一旦人们有了排除自己不喜欢的信息的能力，所看到的真相其实就是自己内在想要的那个真相。

这是一个自我欺骗的过程。最后每个人看到的世界都是自己选择的世界，它和真实的世界实际上是有距离的，于是整个世界进入了一个后真相时代，即无真相时代。当一个社会、一个世界进入连对真相都没有共识的时候，这个世界是不是很不确定？

我们应当怎样看美国[*]

习近平总书记指出：中美合作是"世界稳定的压舱石，世界和平的助推器"，应努力把两国合作伙伴关系塑造成21世纪的新型大国关系。在对美关系上，中国向来高度重视，坚持以协调、合作、稳定为基调。正如邓小平同志所说，"中美两国之间尽管有些纠葛，有这样那样的问题和分歧，但归根到底中美关系是要好起来才行。这是世界和平和稳定的需要"。

习近平总书记在2013年中美元首会晤时指出，中美新型大国关系一是"不冲突、不对抗"，二是"相互尊重"，三是"合作共赢"。然而中美关系在步入21世纪第二个10年后遭遇诸多挑战，特朗普2016年当选美国总统后，一方面在贸易等方面制造摩擦，一方面强调发展合作和建设性的美中关系是他的优先事项。同时，美国国内对中国的敌意日益强劲，鼓吹"新冷战"的极端右翼分子进入政府，民间对华敌意也快速上升。

---

[*] 本文作者为金灿荣、金君达，刊于《前线》2019年第1期，收入本书时有所修订。

笔者认为，在中美关系高度不确定的当今，我们应认清中国在中美关系中处于较弱地位的客观现实，以控制矛盾、避免冲突升级、寻求共同合作为中美外交的原则。美国对中国的看法发生了结构性改变，这将使得处理中美关系在今后一段时间里相对困难。但只要中国深化改革开放并坚持经济发展，中美关系在长期还会回归常态。

一　美国在中国以往外交中的意义

美国是一个有两百多年历史的现代代议制民主国家，其国内国际政治实践在1776年建国以来是比较成功的。美国能够在两次世界大战、冷战中胜出，很大程度上归功于其成功的国际和外交政策。

第一，美国自建国初期便重视贸易和制海权，其外交和军事行动均为美国企业的全球扩张服务。

第二，相比先前的西方世界霸主，美国善于利用制度和多边框架，强调制定游戏规则的权力，用国际组织增加自身合法性。例如在冷战美苏对峙期间，美国提出"世界五极说"，拉拢中欧日的同时孤立了苏联。

第三，比起20世纪初期的世界霸主英国，美国在维持世界经济稳定、推广全球化的同时更加强调本国利益，从美元与黄金脱钩到国家经济与安全审查委员会，莫不如此。

第四，美国善于利用其强大软实力，以及制定规则的优势，在国际争端中掌握舆论主动。

第五，美国崇尚市场竞争，其相对自由的市场和科研环境有利于跨越性创新，这使美国抓住了几次工业革命的机会。

上述要素使得美国最终成为全球化经济的领头羊，也为我国的改革开放提供了一定启示。

中国在改革开放以来采取积极融入国际秩序、主动开放市场的政策，吸收和借鉴当今世界各国包括资本主义发达国家的一切反映现代社会化生产规律的先进经营方式、管理方法。美国是冷战后国际秩序的主导者，美国的接触（engagement）对华政策在中国融入世界体系中起到了重要作用；而美国也是金融和多个科技领域的领头羊，其对华投资与技术外溢效应客观上促进了中国的经济发展。

在诸如加入世界贸易组织（WTO）等谈判中，中国向以美国为首的西方国家做出了一些政策让步，不少中国企业在短期内也受到冲击；但美国支持中国加入现有国际机制，美国提出的部分开放要求客观上也强化了市场竞争，长期而言提高了中国企业的国际竞争力。

中国在改革开放以来的中美力量对比中始终处于弱势地位。主要体现在军事、科技、金融、能源和话语权等方面，而这些正是美国称霸世界的支柱。虽然中国在现代化道路上取得长足进步，在制造业产能、购买力平价法计算国内生产总值等指标上甚至超越美国，但在关键领域仍然落后，在部分领域关键技术受制于人。在自我定位上，我国至今仍然属于发展中国家，而美国是世界上经济体量最大的发达国家。承认两国国力差距，是中国改革开放以来处理对美关系的基础。

中国始终是亚太地区有重要影响力的国家，而美国是横跨太平洋、大西洋的超级大国，两国又都是有核国家；中美关系稳定对于保持地区稳定，甚至世界和平都至关重要。

改革开放以来，中美两国经历了1989年政治风波、银河号事件、台海危机、中国驻南联盟使馆被炸事件等多次波折，但两国基本上通过增进交流、强调合作的态度控制了擦枪走火的风险。在21世纪非传统安全、全球化问题凸显的背景下，中美双方的合作不但符合两国利益，也有利于国际社会的共同利益。因此，中国许多学者对美国评价较为正面，即使在当前贸易摩擦的背景下也是如此；避免摩擦升级、与美国保持稳定关系、为国内改革提供稳定和平的外部环境，是中国学者较为普遍的观点。

二　近年来中美关系面临的新挑战

虽然中国方面在改革开放以来对美国抱着虚心学习的态度，始终希望与美国保持良好、稳定的双边关系，中美关系却因为两方面的影响而面临风险。

一方面，我国改革开放以来经济发展迅速，经济体量日益接近美国，这种趋势带来了对所谓"修昔底德陷阱"的讨论。另一方面，随着中国主动参与世界治理，在道路、理论和制度上更加自信，美国部分原先的"亲华派"人士对此感到失望，随之转变对华态度。除上述两方面以外，奥巴马、特朗普总统时期美国政府内部的一些变化也导致美国近年来对华政策格外强硬。

从结构性变化而言，中美国力在近年来逐步接近，这引起了美国从政府到民间的警惕。与此同时，美国虽然从经济危机中走出，却仍然面临一系列社会经济问题，部分原先的中产阶级在焦虑中开始反对全球化，反对中国等"全球化的受益者"。一方面，中美两国在国力上存在差距，但这种差距近年来不断缩小；在中美两国学者中流行的"修昔底德陷阱"理论认为，实力上升的新兴大国与实力衰退的守成大国容易发生战争。还有一种理论认为，即使霸主与挑战者的国力未能发生逆转，双方对国力对比认知（perception）的变化也可能造成两国冲突。在2008年美国次贷危机之后，美国经济受到重挫，其自由市场、宽松监管的金融政策也受到各方质疑；而中国开始维护海洋权益、参与国际治理，这些情况加剧了美国的危机意识。

另一方面，虽然美国已经从次贷危机中恢复，近期甚至出现了3%以上的高增长率，但美国社会仍然存在几方面的经济问题，次贷危机中的部分人口长期失业（不计入失业率统计），房贷、教育、医疗和保险成本居高不下，产业工人则长期受困于日益衰退的美国传统制造业。美国部分政客将经济压力转化为排外情绪，在社会领域表现为仇视"偷走工作"的移民，在对外经济与外交领域则表现为仇视中国等"全球化受益者"、呼吁政府实施贸易保护主义政策。

从预期性变化而言，美国对华心态近年来发生转变。许多以往的美国"亲华派"政客学者曾经寄希望于中国的"和平演变",因此即使中美制度不同、政治立场存在冲突,他们仍然主张将中国当做"有缺点的合作伙伴"。但中国专家与民众普遍认为,中国应该走一条适合中国国情的发展道路,中国的道路自信令美国"亲华派"失望。

美国有观点认为中国改革开放的进度不合预期,觉得中国未履行加入世界贸易组织时的承诺,以往的中美合作是中方的"战略欺骗"。加之中国在近年来更加积极主动地参与国际治理,承担国际责任,提出"人类命运共同体"等多边经济发展倡议,而美国部分人认为中国此举既有挑战美国的战略动机,又对西方国家在世界各地推广"民主化"形成了挑战。上述心态转变的本质是两国对中国发展道路的分歧,这种分歧难以在短期内消弭,很可能成为阻碍中美关系的又一结构性矛盾。

从政治性变化而言,美国国内发生的一些政治变化导致美国对华政策快速转向强硬。第一,在奥巴马和特朗普两位总统任期里,美国民主、共和两党在对华政策上日趋强硬。在奥巴马执政的8年里,美国高举"重返亚太"大旗,推广"跨太平洋伙伴关系协定"(TPP),对华敌意已然明显;从马尔科·卢比奥(Marco Rubio)等极右翼政客,到麦凯恩(John McCain)等独立政客,到民主党的全球主义者和社会民主主义者,美国政客在攻击中国时似乎取得了共识。

第二,美国商界对华态度转变。随着中国逐步推进产业升级,部分中国企业开始对美国企业形成竞争压力;随着中国国内市场消费能力逐渐加强，美企希望进入中国市场，但在近年来受到诸多阻碍。除此之外，美国商界认为中国在保护知识产权、开放金融等领域进度过慢。这些因素使得美国商会支持强硬的对华政策。

第三，美国总统特朗普任用部分"右翼派"，如经济学家纳瓦罗（Peter Navarro）和新右翼活动家班农（Steve Bannon），这些人在以往美国政府中很难获得话语权，如今他们对特朗普政府施加影响，也是中美贸易摩擦的幕后推手。

基于以上原因，今天美国对中国的态度发生了重大转变，将中国定义为主要战略竞争对手之一，甚至是美国唯一的长期对手。要理性、客观地看待美国，就必须清醒认识美国对华心态的变化，做好中美关系向坏的方向发展的准备。

三 坚持深化改革对中美关系的重要性

合作对中美双方有利，中美合作是改革开放40年经济发展的推动力之一。在美国对华政策转向的今天，中美关系稳定仍然有利于中国的经济社会发展。虽然美国对华心态发生重大转变，美国的对华政策仍然具有两大特点，这可能是稳定中美关系的关键所在。

第一，美国的外交政策与美国企业利益紧密相关。在过去40年里，中美关系曾经遭遇两次重大挑战，一是1989年政治风波和冷战结束，二是中国驻南联盟使馆被炸事件和南海撞机事件。

邓小平同志于 1992 年南方谈话时指出，不改革开放，只能是死路一条。中国驻南联盟使馆被炸和南海撞机事件后，中国借加入世界贸易组织的机会扩大双边经贸往来。在商业利益的驱动下，美国选择了保持对华接触的合作型外交方针。美国在奥巴马、特朗普时期与中国频繁发生摩擦，很大程度上是两国在市场准入、知识产权保护、贸易逆差等领域存在分歧，而这些问题可以通过中国深化改革来解决。随着我国产业升级不断深化，中国在解决产能过剩、保护知识产权、强化市场竞争等领域与美国有共同利益。

与此同时，中国零售总额去年达 5.8 万亿美元，基本与美国持平；今年中国有望超越美国成为最大的终端市场，对国际投资者吸引力日益显著。只要我国坚持开放，让外国投资者能从中国市场获利，美国商界就可能成为我国反对贸易保护主义的同盟军。

第二，美国素来抱有"绝对安全观"，对任何潜在挑战都有着强烈危机意识。中国探索适合本国国情的发展道路，并没有挑战美国世界地位的意愿；中国对自身的定位也始终是"发展中大国"，对中美差距认识十分清醒。纵观以往两次中美关系危机，中国都在合适契机表达了合作意愿，使美国认识到合作对两国有利。

中国通过强调深化改革，扩大开放，加大了对美国企业在内的国际资本的吸引力，强化了两国的利益融合。使馆被炸和南海撞机事件后，中国在坚定维护国家利益的前提下，在反恐等非传统安全领域积极与美合作。当今中美两国在朝鲜、伊朗核问题，阿富汗内部稳定，叙利亚内战与伊拉克战后重建等方面均可合作，在控制军备竞赛、反对极端势力、稳定国际金融等方面也存在共同利益。

四　结论

美国是近代以来世界上发展较为成功的国家，也是当今世界最具影响力的超级大国，保持中美关系稳定对于中国改革开放至关重要。中美关系在过去40年里比较稳定，但随着美国对华心态改变，中美关系的风险正在上升。

笔者认为，即使中美关系存在不确定性，中国也应以虚心和理智的态度处理中美关系，尤其应在贸易保护主义的世界大潮下坚持扩大开放。在中国平稳发展的大前提下，通过中美双方强化合作、控制分歧、控制纠纷，两国有望渡过眼前的困难，使两国关系回到"竞争与合作并存"的常态。

当前国际秩序的"美国困境"[*]

美国崛起的过程也是国际秩序构建的过程,它在崛起中始终扮演了霸权控制者与秩序构建者的双重身份,第二次世界大战后逐步建立了自由主义国际秩序。自由主义国际秩序与美国的世界霸权构成了相互作用的系统。当前,特朗普执政时期的美国出现诸多不适应自由主义国际秩序要求并试图摆脱该秩序束缚的倾向。

一 当今自由主义国际秩序的美国主体困境

主体矛盾:权力斗争转向收缩平衡。随着美国国际竞争实力的增强,加之美国采取的战略决策,冷战后"自由主义国际秩序"得以在世界范围内扩张。国际权力结构在 21 世纪尤其是历

---

[*] 本文作者为金灿荣、王赫奕,刊于《北京日报》2020 年 3 月 30 日第 19 版。

经国际金融危机后呈现出复杂化的特点，美国的霸权地位也受到影响。首先，从竞争态势来看，在其他国家缺乏实质竞争力的情况下，美国不再积极从事国际公共产品供给活动，而面对自由秩序的维护成本，其更期望与其他国家或合作方共同承担。其次，冷战结束后的十年里，国际政治权力失衡，新的制衡格局尚未形成，新保守主义、新自由主义滋生，这些都使美国选择向外扩张的战略决策。但从资源规模方面来看，美国并未实现实质意义上的增长，行动与责任范围则急剧扩张，于是出现了严重的权力透支问题。在战略选择上，美国举棋不定，致使在外部看来缺乏统一且固定的旗号，这就给政治混乱带来更多不利因素。受经济危机的影响，美国霸权的经济支撑严重受挫，"华盛顿模式"逐渐失去吸引力。

奥巴马时期，美国针对平衡"全球领导"与"国内事务"采取了相应措施，但成效却不尽如人意。面对一些民众的质疑与不安情绪，特朗普以"本土主义"思想赢得竞选胜利，上台后的美国总统特朗普积极采取"国内事务先于全球领导"的战略决策，将本国利益摆在首位，全球领导的功能则位居其后。

在自由国际秩序适度开放化的背景下，世界范围内的资本、经验和技术加快了转移扩散的进程，各国发展步调不统一，这引发了权势格局的巨大变革。在美国逐渐降低其干预意愿和控制能力的同时，区域范围内的新兴大国以及中等强国大大提升了经济实力，国防力量与国际扩张能力显著增强。国际格局的巨大变革使得美国的战略行动面临极大限制和约束，收缩霸权走向新孤立主义成为美国未来主要的战略选择。

利益驱动：美国不再是国际秩序内的最大获益者。第二次世界大战结束后，美国以新自由主义构建蓝图打造的国际经济秩序，使跨国资本在全球占据了主导地位。资本在全球范围内的快速流通进一步巩固了跨国企业与富裕阶层的经济权力，市场"专政"行为愈加频繁，资本主义全球化使得极少数跨国企业与最富裕阶层成为全球权力行使主体，这些跨国企业开始排斥对抗所有限制约束其行动、流通自由与资本回报的全球治理模式或监管机制，并且不断地干涉影响世界各国的法律、政策甚至国际规则。该秩序下产生两种结果：

其一，新自由主义指导下严重不公的全球化模式不可持续，这种全球化模式破坏了社会中下阶层力量的稳定性，民粹主义和右翼极端反全球化力量借此登上国际舞台。自20世纪90年代开始，许多发达国家甚至部分发展中国家政府的权力都受到削弱，对于跨国资本在国际范围内的垄断行为，政府无心更无力管制，使得全球化带来的红利严重分配不均，损害了很多国家的社会利益，更削弱了自由主义国际秩序得以稳固的社会基础。这也削弱了以美国为首的秩序主导国的国家实力与国家信用。

其二，世界经济的中心正在由西方国家向新兴国家群体转移。新兴国家全面崛起的进程发端于20世纪70年代，并开始逐渐代替西方国家成为引领国际秩序发展的重要推进力量。此前，世界已在中高速增长的轨道上运行了多年。在20世纪八九十年代，美国对世界经济增长和国际秩序构建的贡献很明显，在很长一段时间里扮演了经济火车头的角色,但是美国在秩序内的功能性角色逐渐淡化。在 2008 年国际金融危机后,变化愈加明显,以中国和印度为主的新兴市场国家在世界经济中的作用越来越大。

综上,西方世界固然获得了重要的具有深远意义的制度性利益,但西方地位已然在下降。新兴国家在原有国际秩序范围内充分扬长避短,在比较短的时间内很快兴起,并推进世界格局演进与发展。所以,美国在当今国际秩序中虽然可以获得制度性收益,但是从长期来看,这种国际秩序赋予了新兴国家同样的机会。新兴国家群体在秩序内依靠广阔市场与廉价劳动力争取到一定的发展空间,在全球化趋势下逐渐转变竞争方向,并且积极参与美国主导的秩序下的国际分工,也成为秩序内的主要贡献者与获益者。

认知转变:新孤立主义对全球主义的抵抗。在美国看来,美国承担了过多的国际责任,在做出太多牺牲后美国不再服从于建制派的约束。以美国利益为先导的理念是特朗普政府最真实的想法,由此也将导致美国在世界的领导力与影响力有所下降。在特朗普政府看来,提升本国实力需要做出牺牲,也需要面对以上结果。因此,特朗普政府的战略决策以新孤立主义为主。首先,形成以本国利益为先导的政治策略,将传统的实用主义摒弃,不再强调国际领导力与影响力的提升,本国价值观的宣传也相应减少。其次,提升经济实力,不再参与对本国不利的多边协议,凭借自身优势与相关国家一对一谈判,进而逐一击破,构建起本国利益优先的战略关系。当然，美国从部分多边协议中退出的真正意图并不是要实现孤立，而是在退出对本国不利的协议之后，再以有助于本国利益的方式实现全球化发展。最后，形成以降低成本追求利益最大化的发展策略。为了实现这一目标甚至不惜违背承诺，损害声誉；为了实现自身利益目标甚至不择手段使对手实力遭受损害，这是特朗普政府的典型特征。

即使将"美国利益"摆在第一位，特朗普政府似乎也仍然愿意维持其所谓的"自由而开放的国际秩序"。这就需要打破势力范围，保护开放的全球公共空间并维护稳定的格局。特朗普领导下的美国已经缩小了国际秩序这一概念范畴。美国已将"自由主义国际秩序"中的"自由"概念抛诸脑后。美国不会保护、甚至并不期待永久维护自由主义国际秩序。特朗普政府将其视为美国国家利益的障碍，正在大肆破坏自由主义国际秩序的自由本质。

二　当今国际秩序发展的主要维护者与推动者

从自由主义国际秩序的准备阶段至全面发展阶段，美国软实力相较于各个阶段的主要竞争者皆处于劣势，也从未完全具备构建国际秩序的软实力，而冷战结束后自由主义秩序得以全面构建有两个方面的原因：一方面是竞争对手苏联的全面毁灭所带来的优势，而并非美国自身软实力的绝对提升；另一方面是美国以硬实力强行推广软实力，强权政治与军事行动往往先行于软实力的推广。所以美国的软实力地位远不及硬实力的霸主地位稳固。在自由主义国际秩序基本构建完成后，自由主义的思想内核决定了该秩序形成后便不再由秩序构建者操控，制度设计下的国际机构在接受构建者让渡权力的同时，也相对弱化了该国的影响力，并独立于构建者之外。而秩序内的新兴国家与政府组织利用全球化所带来的发展空间迅速崛起，缩小了美国硬实力发挥的空间，弱化了美国硬实力的外部支撑。软实力也由于自身固有缺陷，经济上贫富差距极化，政治上政党斗争形式化，导致民粹主义盛行，内部支撑软实力的美国自信出现滑坡，失去了内外两个维度的有效支撑，美国幻想的软实力神话开始全面崩盘。软实力的神话是否存在犹未可知，但可以确定的是软实力神话未在美国出现。

在自由主义国际秩序全面发展阶段，由于美国对软实力的错误定位以及削弱软实力的诸多行为产生的消极影响，美国的软实力尽显疲态而陷入困境，此时崛起的新兴国家对改革现有秩序的需求加大，加之极端主义与恐怖主义对局部秩序的破坏，阻碍了美国软实力的恢复。面对如此局面，未来美国破坏国际秩序的速度会继续加快，其软实力不足以维持美国在秩序内的主导地位，特朗普政府种种的"退群"行为，并非其执政个性所致。由于历史上美国对自身软实力的定位错误造成了严重后果，特朗普自上台后，出于保存仅剩下硬实力优势的考虑，只能一味地将美国利益摆在第一位。但这仅意味着美国主导国际秩序的意愿下降，不能说明美国不再行使霸权。所以美国不会放弃提供公共产品，依然会解决问题，但在失去秩序的掩饰与助力后，美国今后的国际行为会愈加强硬，更趋向单边主义，制造矛盾的频率则会相对增加。国际社会需要迅速适应不一样的美国。

在美国看来，依照权力转移理论，中国在世界上影响力的扩大，会打破美国所构建的原有权力结构，并且这个过程不可逆转。由影响力向权力的内涵转向，造成了美国对中国原有战略定位由"不太满意的合作伙伴"转向"竞争对手"。但是中国寻求在秩序内扩大影响力，更侧重于软实力层面，意图让全世界能听到并听清中国声音，这与美国以硬实力为手段强迫他国"听话"的方式截然不同。有绝对的军事、经济以及资源优势可以稳固自由主义国际秩序的权力结构，但是软实力是主导自由主义国际秩序演进与发展的主要因素。所以，中国在当今国际秩序内拥有更强的适应性，成为当今国际秩序发展的主要维护者与推动者。

后疫情时代的大国治理逻辑*

2020年年初暴发的新冠肺炎疫情给中国乃至世界带来了一场空前的灾难，中国率先发现问题、解决问题，隔离、监控乃至"封城"，中国采取了最全面、最严格、最彻底的防控措施，时至今日已经有效地控制住了这次危机，并向日本、意大利与荷兰等诸多国家伸出援手，帮其渡过难关。反观以美国为首的部分西方国家，面对此次疫情则表现出了与中国不同的处理方式。美国抓住机会抨击中国，将医疗卫生问题上升为政治问题乃至意识形态问题。而美国对国内疫情形势的误判则使得疫情进一步扩散，造成了极大的社会恐慌，3月美国股市的接连熔断更是加剧了社会动荡。面对同样的灾难，中国与美国表现出截然不同的应对方式，不同的应对方式体现着两国面对突发事件形成的不同的逻辑内容。

---

* 本文写于2020年5月5日，其中第二部分刊于《环球时报》2020年4月7日。

一 瘟疫对人类历史影响巨大，认真应对永远是国家治理的重大任务

从国际比较角度来看，2020年有一个不平凡的开局。"天灾"非常猖獗，"人祸"也不少。"天灾"中最引人注意的便是新冠肺炎疫情。新冠病毒本身是人类共同的敌人，我们应该共同应对，而中国是主战场，我们承担的责任更大。然而除了中国，别的国家也遭遇了自然灾害，比如，首先是美国流感。美国虽然每年都有流感问题，但是今年特别严重。这一流感是从2019年10月开始的，美国疾病控制中心的数据显示，截至2020年2月16日，美国已有2600万人感染流感。美国总人口是3亿多一点，相当于接近9%的美国人感染，其中有25万人住院，约14000人死亡。

其次是澳大利亚的火灾，从2019年6月开始，持续了7个多月。澳大利亚一半的国土被烧，11种生物失去生命，很多是国宝级动物，比如考拉。

再次是非洲的蝗灾，从东非开始，现在已经越过红海、波斯湾，蔓延到了印度和巴基斯坦。

以上是2020年开局最严重的四大自然灾害。当然也还有其他灾害，比如菲律宾火山爆发、最近的西欧飓风，冲击了很多国家的城市，导致一些人员伤亡和严重的财产损失，但是这些灾害和上述四大灾害比起来，影响小一些。因此，总的来说，2020

年开局的天灾至少是上述四大种，即新冠肺炎疫情、美国流感、澳洲大火、非洲蝗灾。

今年的"人祸"到目前为止也发生不少。如果大家关心国际政治，应该会有一点感觉——2020年事情不断。例如，1月3日美国暗杀伊朗革命卫队圣战旅的领导人苏莱曼尼将军、英国"脱欧"、德国执政党内部分裂，俄罗斯方面梅德韦杰夫政府辞职、普京总统要修宪，这些事件对未来俄罗斯的政治有很大的影响。此外还有土耳其和邻国的冲突，特别是和叙利亚、伊拉克的库尔德人的冲突等。另外，大国关系上，俄美两国目前矛盾尖锐，美国和中国之间也较为紧张，美国在中国周边频频做动作，南海不断遭到美国舰只的骚扰，最近美国侦察机也频繁穿过中国台湾海峡。

这便是今年的开局。按照老百姓的话说，就是很热闹。笔者的概括是：今年开局非常不平凡。"人祸"集中在北半球，"天灾"遍布全球。在这样的国际大格局下，对中国来说，现在最应关注的、也是对我们影响最大的，就是当前我们还在进行的防范疫情的战斗，这可以说是一场战役。我们应该众志成城，万众一心，战胜病魔。

从历史角度看，瘟疫实际上对人类的历史影响很大。历史学家认为，汉朝总体延续了很长时间，中间有西汉、王莽新朝，最后在东汉末年灭亡，走向三国，走向魏晋南北朝。而导致东汉末年王朝分裂的一大原因就是瘟疫横行。瘟疫导致社会秩序崩坏，然后爆发了起义。据历史记载，当时人口剧减，东汉王朝后期中国社会总人口6000多万，但是到了三国时期只有1500万，3/4的人没有了，这其中很重要的一个原因就是瘟疫。另外，历史学家认为明王朝灭亡的一个重要原因也是瘟疫。同样是瘟疫引发社会变动，于是有了明末的各路诸侯，烽烟四起，起义冲击了明王朝秩序，最后满清入关，清朝建立。

而在西方历史上，也是谈"疫"色变。一般来说，西方历史会特别强调两个瘟疫，一个是1348年的"黑死病"，其实就是鼠疫。"黑死病"从1348年开始，延续了很多年，最后导致欧洲2500万人去世。当时欧洲人口7500万，1/3的人口死于这场瘟疫。欧洲人对这件事记忆深刻。另一个是1918年，即第一次世界大战后期出现"西班牙流感"，当时世界上大概有5000万人死亡，这场瘟疫也是对历史影响深刻。另外，瘟疫对战争也有影响。研究战争史的朋友现在间接承认拿破仑大军征服俄罗斯失败，其实是被伤寒击败的。伤寒严重的时候，拿破仑的大军一天死亡6000人，比战斗减员要多得多；1918年春时，德国人知道美国大军将至，便希望在美国大部队到达欧洲以前结束西线作战，所以发起猛攻，结果遭到流感袭击，每天减员的人数就是流感减员人数，是战斗减员人数的一倍还多。总之，瘟疫对人类历史影响非常大，对中国、对西方的影响都非常大。因此，认识疾病、认真应对永远是国家治理的重大任务。

今年新冠肺炎疫情又给中国提了一个醒。虽然在疫情早期的应对上我们有点被动，但是一旦我们国家开始重视，气势是非常磅礴的，能非常好地应对。2020年1月23日武汉"封城"，对一个千万级人口的城市进行封城，这在人类历史上是没有过的，所以很多外国人看到后目瞪口呆，因为这在国外是不可想象的。然而中国这样做了，实际上要下这个决心是很难的，非常难。而国外对这一举动，虽然觉得难以想象，并且有点难以适应，但总体上评价非常高，他们认为这样做是对的。中国的这种决断力让世界震撼，我们的政府决断力非常强，一旦行动起来行动力也非常强，同时我们的社会是理性的、配合政府的，因此政府的管理能力总体来说是非常强大的。

二 抗疫大考揭示国际政治现实

现在越来越多的人将新冠肺炎疫情与1918年"西班牙大流感"相提并论。国际关系学界有人认为这就是第三次世界大战，更准确地讲是第一次非传统安全世界大战。是否达到世界大战的规模现在还难下结论，但新冠肺炎疫情是近年来人类遭遇的最大的一场"黑天鹅"事件，这个判断应该成立。

新冠肺炎疫情是对各国治理能力的一场大考。传统上讲，衡量一国国力的标准主要有战争、平时的经济发展以及举办奥运会等大型国际赛事等。现在，应对新冠肺炎疫情也成为综合国力的一个评分标准。

（一）美欧早期抗疫不力的原因

三个月前新冠肺炎疫情突袭武汉。中国跟新冠病毒打了一场遭遇战，一开始也不了解它的传染性如此强。某种意义上讲，中国被迫参加了一场闭卷考试。因为措手不及，我们早期抗疫出现一些纰漏，比如最初反应慢了，过程中也有一些执行层面的问题。但后来我们及时调整，上下同心，充分发挥体制优势，综合来讲，中国的答卷总分还是高的。

在中国逆转疫情形势的同时，疫情在世界范围内多点并发，目前全球感染人数已过百万，尤其是美国和欧洲都还没有迎来疫情拐点。新冠肺炎疫情已经变成一场全球性挑战，亟须国际社会摒弃意识形态等偏见，合作抗疫。在这方面，中国做得不错，一边继续巩固国内抗疫局面，一边对其他国家给予力所能及的人员和物资援助。

世界卫生组织（WHO）说，中国付出巨大代价为其他国家争取了抗疫准备时间。可惜的是，美欧都没有抓住这个时间窗口，没有采取严肃及时的预防措施。尤其是美国，早期时间大都被浪费在了冷嘲热讽上，连戴口罩都被政治化了。社会常识被意识形态绑架，这很荒唐可笑。

西方早期防控失误的背后存在三种集体性的、根深蒂固的傲慢。

第一个是种族傲慢，西方人认为他们的身体素质比东方人好。2020年3月24日，日本财政大臣麻生太郎在日本国会上说，在2月底举行的二十国集团（G20）财长会议和央行行长会议谈到疫情问题时，意大利代表的反应是——和他们没关系，说"那是黄种人的病，不是我们的病"。

第二个是文化傲慢。新冠病毒的来源可能和野生动物有关，一些国人一度"自我妖魔化"，说世界上吃野味最厉害的就是中国人，这加深了西方人对中国饮食习惯的文化偏见和傲慢。但这并不完全符合事实。笔者曾和一些食品专家了解情况，其实中国从古到今没有任何地方有吃蝙蝠的习俗，倒是非洲、南亚、东南亚和南太平洋等地区确实有。如果说吃蝙蝠有点特殊，那即便是一般的野味，中国也不是食用最严重的。其实西方也有吃野味的习惯，过去西方贵族喜欢狩猎，狩猎结束后也吃野味。也就是说，世界很多地方都有吃野味的陋习，这个标签不能只贴在中国身上。

第三个是制度傲慢。西方国家普遍认为自己拥有民主自由、强调政府透明，因而行动能更迅速，民众能自我负责，能够自我管理好。但是疫情一来，这些良好的自我感觉被证明是"神话"，是盲目自信。

正因这些傲慢，美欧国家早期反应非常糟糕，浪费了中国为他们赢得的疫情防控的"窗口期"，导致了新冠肺炎疫情在西方肆虐。中国早期遭遇的是新冠病毒偷袭，最初出现一些问题可以理解。但美欧可是开卷考试，这种情况下还是出现了这么严重的失误。

（二）"甩锅论"等不利于国际抗疫合作

随着疫情加剧，美欧国家也在逐渐采取更严厉的防控措施。但在这个过程中始终存在几个问题。

一是相关国家执政者考虑了太多小众或小团体利益。这在美国表现得很明显，华盛顿执政团队的脑子里始终有一根弦，就是不能影响他们在大选中获胜。把短期政治利益或个人政治前途凌驾于全民利益之上，凌驾于民众的生命权利和社会权利之上，这是西方民主制度里的一个问题。

二是对资本的考虑太重。尽管抗疫任务很重，但一些西方国家执政者的首要考虑还是不影响经济，尤其是不要影响股市。这和中国以人为本的理念确实不一样，显示了西方国家的本质确实是资本主义社会。

三是政策选择中的社会达尔文主义。疫情蔓延以来，美欧不少国家都有高级官员提出"群体免疫"，有的甚至说老人如果确诊应"奉献生命"以保抗疫大局。虽然这一观念在引发争议后不再宣扬，但其本身就反映了根深蒂固的社会达尔文主义。

不管早期抗疫情况如何，严峻的疫情形势逼着美欧国家认真应对。要想战胜疫情，对内对外都应以合力和合作为主，但现实情况并不乐观。对内，美国国内地方政府之间、地方政府与联邦政府之间都有相互推诿责任的现象，欧盟内部不少国家回到了民族国家状态，相互截留医疗物资、封锁边境，等等。对外，一些西方国家一方面接受中国援助，另一方面却继续抹黑中国，抛出"甩锅论""赎罪论""挑剔论""隐瞒论"等各种论调。这既不符合事实，也不利于国际抗疫合作。

(三) 西方改变心态才能共促抗疫

过去几百年来国际关系的一个基本特点就是西方的全方位主导。西方率先掌握了工业文明，工业文明的基础之一是科技发达，工业生产能力与科技的结合又导致军事力量强大，连带着话语权的强大。因此，过去西方给人的印象是发达，各方面能力都强。

但这次疫情让人们发现情况并不完全如此。物质层面，西方国家在互联网、大数据应用以及运输网络等方面表现乏力，工业生产和科技能力也没有想象中强。制度安排层面，医疗体系，尤其是政府领导力和决策力等方面都暴露出不少问题。

抗疫是一张公平的考卷。现在的初步考试结果，就是曾经横扫六合的西方不再如很多人想象得那般强大。无论是文明还是国家都有它的发展周期。现在西方的黄金时代结束了，从"壮年期"进入了"更年期"，世界的主导性力量随之发生变化，新冠肺炎疫情以非常残酷的方式揭示了这个事实。

总结迄今为止中国的抗疫表现，首先一点就是领导力，确切而言就是政策协调和治理能力，包括政府敢于决策，敢于承担责任；党的系统、国家公务员系统以及军队系统等组织得力；社区动员及时有效；等等。

其次是工业和科技应急能力。十多天内建成"两山医院"，运用无人机、健康码等科技抗疫手段，口罩、防护服和呼吸机等医护物资从自我短缺到能支援别国，中国的这些能力连西方国家也都感到佩服。

最后就是整个社会的文化凝聚力和乐观主义。"封城"和其他隔离措施冲淡了春节这个对中国来讲文化意义重大的节日和假期，十几亿人的日常生活也面临各种不便，但中国老百姓总体上顾大局、很配合。虽然也有零星的违规事件，但看一个社会要看其主流，我们整个社会的凝聚力和乐观精神也让外部世界敬佩。

新冠病毒是人类公敌。实现疫情逆转的中国愿为全球抗疫做出力所能及的贡献，但当前的问题在于，西方国家能否尽快改变之前那些错误心态，这已成为国际抗疫合作的一大障碍。

三 疫情再现人类命运共同体价值

新冠肺炎疫情再次证明中国与世界的联系以及全球化都到了一个新的阶段。同时，也再次提醒人们，我们处在全球化时代，彼此之间的联系比想象的要紧密。疫情影响到了整个世界的经济、人员交往，人类命运共同体的价值在其中再次得到了体现。

新冠肺炎疫情使中国经济受到影响。目前，中国的防疫已经取得了很大进展，但防疫仍然是当前国家工作的重中之重。2020年的经济损失预计会比2003年"非典"时期更大，一方面是因为中国经济的体量变大了。2003年，中国的GDP总量是12万亿元，而2019年总量则接近100万亿元，是2003年的8倍多。另一方面是因为当前第三产业在中国经济中的占比特别高，而受新冠肺炎疫情打击最大的就是服务业，其中光餐饮一项在春节期间就损失了 5000 亿元以上。

不过,如今中国线上经济比过去发达。电商的存在使得很多采购还在进行,线上经济能够弥补一部分线下经济的损失。而且,由于我们需要一边防护,一边重新恢复正常生活,网上教学、网络会议、远程医疗、网上商务等都会发展起来,这些会进一步促进 5G 的发展。

2003 年中国的 GDP 总量占世界 GDP 总量的比重为 4%,2019 年这一比重变为 16.3%,因此,中国经济受损对世界经济的影响是非常大的。受严重影响的包括旅游业,其中亚太地区旅游市场最大的客源国就是中国,亚太市场游客的 57% 是靠中国支撑的;世界的生产链也将受到冲击,如汽车制造业;此外,全世界 80% 的基础药物也是由中国提供的。

这些再次证明中国与世界的联系以及全球化都到了一个新的阶段。习近平主席提出的人类命运共同体是有着扎扎实实的事实基础的。在新冠肺炎疫情的背景下,我们应该更清晰地认识到,人类是有共同利益的,一荣俱荣、一损俱损。疫情影响到了整个世界的经济、人员交往,人类命运共同体的价值在其中再次得到了体现。

四 疫情后的国际关系:中日、中韩关系应该是往前走一步的

有人提问说,本次抗疫,中日官方及民间出现了良性互动,

这能否带来中日关系正常化？中日关系的改善，会给两岸关系带来什么影响？笔者在回答这个问题的同时，也顺带说一下我理解的中韩关系。

中日关系的好转是从 2018 年开始的，此前 10 年都很糟糕。日本有很多动作，比如教科书问题、中国台湾问题、钓鱼岛问题，等等。但从 2018 年开始，笔者认为中日关系就开始有所好转，这里面原因很多，其中一个原因确实是因为中国对日本的态度要好一些，而日本大概也觉得和中国的关系有些僵，加上日本当时对美国的一些做法感到失望，在中国对日态度转好的时候，日本也适时与中国和好。但是笔者认为，中日关系在这几年变好是有一个大背景所在的，那就是日本经过 10 年的思考，接受了中国崛起的事实，认识到了中国的崛起是不可避免的。过去日本是很难接受这一事实的，现在接受了。

今年在新冠肺炎疫情发生以后，日本朝野都有一些比较正面的声音，比如日本自民党干事长二阶俊博明确提到日本要以举国之力帮助中国应对新冠肺炎疫情，这一表态和日本中央委员会的决议都是非常好的。另外，多数日本民众对于中国 1 月遭遇的新冠肺炎灾难表示同情，给了我们很多援助。政府援助不多，但是民间援助数量可观，心意很好。最近日本也出现了问题，需要我们国家反哺，很快中国使馆就给日本送去了 12500 个测试盒，日本的国立疾病研究所也测试过，认为中国的技术水平和日本本土是一样的。所以情况就是这样，日本先给我们一些援助，并且有了很好的表态，我们后来也就反哺日本。并且除了中国政府给予了援助，民间也贡献了很多。因此，中日关系确实是从2018年就开始有所好转，这次疫情期间的互动更是比较正面的。

中韩两国在此次疫情期间的互动也很好。中国出现疫情以后，韩国总统文在寅公开提到，中国的事就是韩国的事，之后韩国政府的援助也很快到位，援助额比美国、日本大多了。后来韩国也遇到了疫情的困难，中国也很快给予了援助，数额也相当大。可以预期，新冠肺炎疫情之后，中韩、中日的关系应该是会往前走一步的，这对东北亚来说是非常好的。我们的外交有一个很大的目标，就是中日韩自贸区，这既符合中国利益，也符合地区利益。因此，笔者希望这次疫情后，中日韩自贸区也能够大大地迈进一步。

五 结语

疫情是人类共同面对的问题，新冠肺炎病毒是共同的敌人，所以本质上各国应以合作为主来处理疫情问题。如果大家都是以邻为壑，落井下石，最终结果对各国都不会友好。中国从一开始就注意国际合作，很早就给世界卫生组织提供了疫情的信息，也较早就向一些相关国家通报了新冠病毒的情况。因此在中国遭遇疫情之初，很多国家对中国给予了支持，有79个国家、10个国际组织给予了援助。当前中国的疫情得到了控制，虽然还没有完全解决，但中国强大的生产能力已经恢复，现在到了中国反哺其他国家的阶段，"投我木桃、报以琼瑶"。这体现了中国对国际合作的重视，不光有语言上的，并且有真行动。中国的国际合作也得到了应有的评价，世界卫生组织认为中国是透明的，且能力很强，科学家在拿到病毒样本后，7天分离出毒株，公开了基因序列，为其他国家进行针对性的监测和疫苗研制提供了基础数据。

笔者认为，之后中国在世界共同抗疫方面会做得更多。一方面是因为我们已经有了经验。新冠肺炎疫情在全世界多点暴发，中国是最先遇到的，在经历了突然的"遭遇战"被袭击后，现在中国已经有了可以分享给其他国家的应对经验。另一方面是中国始终具有"大国担当"的理念，而且有相应的能力。现在中国医疗物资的生产能力已经恢复且进一步提升，因此在未来的国际合作抗疫中，中国会做得更好。